DÉSIRÉE NICK
Gibt es ein Leben nach fünfzig?

DÉSIRÉE NICK

Gibt es ein Leben nach fünfzig?

Mein Beitrag zum Klimawandel

Marion von Schröder

Ähnlichkeiten mit Lebenden oder Toten
sind rein zufällig.

4. Auflage 2011

Marion von Schröder ist ein Verlag
der Ullstein Buchverlage GmbH

ISBN 978-3-547-71176-9

Dem einzigen Mann meines Lebens,
der zu seinem fünfzigsten Geburtstag von der
Busenfreundin ein ganzes Buch geschrieben bekommt
– und das im Jahr unserer »Silberhochzeit«. Auf die
fabelhaften Fünfziger – das halbe Leben liegt noch
vor uns! Und nun sind wir erwachsen!

Deine Desi

INHALT

VORWORT

Ich bin kurz davor, heute noch DIE absolute Traumreise zu buchen, um mir ganz sicher zu sein, dass ich einen gut gelegenen Sitzplatz mit Beinfreiheit sowie das günstigste Ticket für einen Flug direkt ins Paradies bekomme – damit ich der glücklichste Mensch der Welt bin, wenn ich an dem Tag erwache, an dem ich sechzig werde. Denn fünfzig ist KEIN ALTER – wenn man sechzig ist! Und ich werde schon aus Trotz niemals einen Seniorenteller bestellen. Wenn vierzig das neue zwanzig ist, dann ist fünfzig nämlich das neue dreißig. In relativen Zahlen. Ich muss sagen, neuerdings wird mir moderne Mathematik immer sympathischer. (Aber wenn vierzig für zwanzig steht, müsste zwanzig dann nicht null sein?)

Und wird am Ende die Bundesregierung die neuen Zähleinheiten vielleicht sogar missbrauchen, um ihr Budget auszubalancieren – und uns erst mit achtzig in Rente zu schicken? Und wenn die Vierziger meine Zwanziger sind, warum habe ich dann in zehn Zentimeter hohen Riemchen-Stilettos geschwollene Füße und stöhne, wenn ich im Korsagenballkleid in meine Kutsche hineingehievt werde? Wenn es darum geht, Menschsein in Maßeinheiten zu bemessen, sollte man vielleicht doch besser zu Hieroglyphen zurück-kehren.

Als passionierte Vielfliegerin weiß ich natürlich trotz-dem nur zu gut, dass es mir in keinem Airline Jet der Welt je gelingen wird, der einen Frage zu entfliehen, die mich quält, seit ich Mitglied im Club der Gereiften bin:

Was werde ich tun, wenn ich erwachsen bin?

Denn alt bin ich ja noch nicht! Nicht mal in absoluten Zahlen! Gerade mal angelangt in der Mitte des Lebens – man könnte sagen: Ich habe die zweite Volljährigkeit er-reicht! Und das fast zeitgleich mit einer halben Milliarde Schwestern weltweit!

Eine 50+-Frau, die weiß, dass sie mit Caroline Kennedy, Carol Alt, Maria Shriver, Tilda Swinton, Jennifer Grey, Erin Brockovich, Geena Davis, Teri Hatcher, Ellen DeGeneres und Oprah Winfrey dieselbe kollektive Vergangenheit teilt, kann an ihren bescheidenen fünf Fingerchen abzählen, dass diese Schwesternschaft im Geiste dazu beiträgt, sich in den Wechseljahren tapfer zu sagen: »Das Schöne daran ist, ich bin nicht allein!«

Schließlich habe ich mit Schönheiten und Legenden wie Madonna, Sharon Stone, Michelle Pfeiffer, Kim Basinger, Daryl Hannah, Goldie Hawn, Jane Fonda, Lauren Hutton, Diane Keaton, Kelly LeBrock, Iman, Kim Cattrall oder Christie Brinkley vieles gemeinsam! Ja, ich sehe mich voller Stolz zwischen diesen Glamourstars Hollywoods oder gran-diosen Frauen wie Nina Hagen, Iris Berben, Miou-Miou,

Suzi Quatro, Anjelica Huston, Bonnie Tyler, Jerry Hall, Kim Wilde, Nena, Sunnyi Melles, der Prinzessin von Sayn-Wittgenstein-Sayn, Prinzessin Caroline von Hannover und Gloria von Thurn und Taxis platziert.

Was für eine Riege! Kinn hoch, Bauch rein und Brustwarzen gegen den Wind, denn uns verbindet weit mehr als das tiefe Wissen über eine gute Haltung und den Wonderbra: Wir sind allesamt Muttis in der Menopause. Und die waren noch nie so begehrenswert wie heute!

Sieht man ja schon, wenn man nur durch den Supermarkt geht. Letztens hielt man mich dort für Mitte zwanzig, während ich (ganz meinem Alter entsprechend!) einen Pürierstab und Bananen in meinen Korb legte. In dem Moment spricht mich doch tatsächlich ein smarter Offizier in Uniform an, drückt mir einen Flyer in die Hand und fragt: »Schon mal an eine Karriere bei der Bundeswehr gedacht?«

»Aber Herr General!«, entfuhr es mir, während ich vor Schreck meine Banane schälte, »ich bin doch viel zu alt fürs Militär!«

»Nein, junge Dame«, entgegnete der Kadett, »wir haben das Alterslimit jetzt auf dreißig hochgesetzt!«

»Sorry, Officer«, sagte ich und biss beherzt in meine Banane, »was glauben Sie denn, wie alt ich bin?«

Dann haute ich ihm mein 50+ um die Ohren, und der Typ taumelte rückwärts in seinen Pappaufsteller mit den Armeebroschüren. Nun, wenn ein Soldat den Feind dermaßen falsch einschätzt, dann wird wahrscheinlich auch nicht alles Flugzeug sein, was er so herunterholt.

Meine Poly-Diadem-Tönung, mein Pferdeschwanz und

mein Juicy-Couture-Tracksuit schienen ihre Wirkung getan zu haben, so dass ich mich schnellstens aus dem Staube machte, bevor ich einer kritischen Musterung durch den General persönlich unterzogen wurde. Jedenfalls entkam ich aus dem Supermarkt, ohne auch nur ein einziges Formular für Nachwuchssoldatinnen unterschrieben zu haben. Zu Hause angekommen, musste ich mich gleich für meinen Mittzwanziger-Status belohnen, klickte mich durchs Internet und erstand neue Tigerlook-Print-Ballerinas! Per Online-Shopping natürlich.

Apropos: In einer Welt, in der man ungeduldig mit den Fingern auf der Tischplatte trommelt, wenn sich ein Worldwideweb-Window zehn Sekunden zu spät öffnet, wartet da wirklich noch irgendjemand darauf, dass eine Faltencreme erst nach sechs Wochen Resultate zeigt? Natürlich nicht!

Genau das richtige Zeitalter für Faltenretusche durch Spritzen und Botox. Sofortige Problemlösungen müssen her, denn die vielbeschäftigte Multi-Tasking-40+-Generation hat keine Zeit zu verlieren. Wir sind ja laufend damit beschäftigt, vor dem Altern wegzurennen! Wenn das kein Großprojekt ist ...

Das Fatale ist nur: Egal, wie emanzipiert, erfahren, erleuchtet, erkenntnisreich, erotisch und erfolgreich wir auch sind, das Älterwerden holt jeden von uns ein. Der Wettstreit mit dem Alter ist die eine Hürde im Leben, die keiner von uns nehmen wird. Das Spiel um ewige Jugend macht uns alle zu Verlierern. Zum Glück gibt es eine Möglichkeit, die Reißleine zu ziehen und sich per Schleudersitz diesem Rattenrennen zu entziehen:

Ein Buch über das immense Vergnügen, nicht mehr jung sein zu müssen!

Bitte schön, hier kommt es! Der Ratgeber, der Sie davor bewahren wird, sich an einem Gummiband in die Tiefe zu stürzen, um dem Adrenalin der Jugend hinterherzujagen. Fünfzig Jahre zu spät, ich weiß. Aber es ist ein Instant-Ratgeber. Rezeptfrei! Und ich verspreche sofortige Wirkung!

WER SIND DIE
NEUEN ALTEN?

WILLKOMMEN IM
CLUB DER GEREIFTEN

Fakt ist: Ich sitze mit den erotischsten Frauen aller Zeiten in einem Boot! Es sind meine Schwestern im Zyklus. Vereint darin, dass wir mitten im Winter das Fenster aufreißen und den Ventilator anschmeißen, weil uns plötzlich heiß ist. Hallöchen, wir sind die Babyboomer! Die 50+-Generation, die den späten Girlies, die ja alle schlappe zehn Jahre jünger sind als wir, fröhlich zum Geburtstag gratuliert und mit einem beherzten »Naaa, schon wieder 39 geworden?« zuprostet!

Hadern, weil der dreißigste Geburtstag naht? Das sind für uns die Probleme einer Krabbelgruppe! Panik, weil man vierzig wird? Da winken wir nur lässig ab, nippen am Aperol und entledigen uns heimlich unterm Tisch der Schuhe, die neuerdings so ungewohnt einschneiden, wenn's spät wird. Als wären unsere Füße plötzlich eine Nummer gewachsen ... wo wir doch einst mit unseren schlanken Füßen und Fesseln für den Durchbruch von Hot Pants und Flip-Flops gesorgt haben! Und hat nicht Mary Quant, die Erfinderin des Minirocks und eine Revolutionärin der Mode, das Zepter an Vivienne Westwood weitergegeben, die ihre Enkel jetzt in Konkubinen-Kothurnen, Lederzaumzeug im Ponylook und Chaps mit freiem Arsch über den Laufsteg schickt – und selber dabei die Urgroßmutter ist!

Ja, es wird heiß im Lande! Mädels, zieht die Pullis aus, kann man da nur raten. Wer wundert sich eigentlich bei einem weltweiten Bevölkerungsanteil von rund 500 Millionen Frauen in den Wechseljahren noch über die Klimakatastrophe? Der wirkliche Auslöser für die drastische Erderwärmung dürfte angesichts dieser Fakten doch wohl geklärt sein: Es sind die Hitzewellen der Babyboomer-Generation, die die Polkappen zum Schmelzen bringen. Die Muttis in der Menopause – kurz: MM's – hinterlassen klimatisch ihre Spuren.

Egal, wie geschickt Sie aus der Fünf in Ihrem Pass auch eine Drei malen, die heiße Phase ist als globales Kollektivschicksal inzwischen eingeläutet. Und nach all den Comingouts der Schwulen, Lesben, Behindertenolympiaden und Gay Games sollten Mädels in der Menopause auch endlich ihre eigene Lobby gründen. Mit mir als Präsidentin natürlich! Warum sich länger verstecken, wo man doch endlich diese Plage los ist?

Die Wechseljahre sind wirklich eine Befreiung, und ich wünschte, Frauen würden einen eleganten Fächer aus der Handtasche ziehen und sich Luft zufächeln, wenn das innere Thermostat plötzlich in die Höhe schnellt. Warum diese Geheimnistuerei um die natürlichste Sache der Welt, die 52 % aller Menschen in der Mitte des Lebens überkommt? Ich möchte Frauen vom Tabu der Wechseljahre befreien und das Bewusstsein für all die wunderbaren Möglichkeiten schärfen, die diesen Jahren innewohnen. Offen damit umzugehen, das würde uns Frauen aus der Generation der Gereiften die Macht der Dinosaurier verschaffen. Wenn man weltweit die Energie und Power aller Frauen, die derzeit in der Menopause sind, in die Kraft eines Erdbebens umwandeln würde, dann würde der Planet Erde zerbersten. Die Richterskala würde in eine Million Teile explodieren. Anders gesagt: Bei Millionen Muttis in der Menopause kann der Klimawandel wirtschaftlich nicht ohne Folgen bleiben. WIR haben die Macht! Darum kommt endlich aus dem Versteck heraus und findet für die Mitte des Lebens eine neue Frequenz! Denn genau darum geht es: den Beat zu ändern! Einen neuen Gang einzulegen.

Man kennt so was doch vom Frühjahrsputz, vom Großreinemachen, vom generellen Ausmisten an allen Fronten. Ein Aufruf zum längst überfälligen Kehraus. Erst mal die große Umhängetasche auskippen und gründlich durchsortieren. Alles wegschmeißen, was unseren neuen Bedürfnissen nicht standhält. Ballast abwerfen.

Iris Berben sagt ja gerne: Man ist, was man isst. Und dass man wesentlich länger lebt, wenn man Ananas, Schrot und Ballaststoffe zu sich nimmt. Aber was habe ich davon, wenn ich Ananas, Schrot und Ballaststoffe fresse und dann meine letzten 15 Jahre auf dem Klo verbringe? Nein, danke. Ich esse ja überhaupt kein Health Food mehr. Im Gegenteil! In meinem Alter brauche ich alle Konservierungsstoffe, die auf dem Markt sind.

Wichtig ist doch nur: Das prämenstruelle Syndrom – diese beschwerlichen Tage, die uns jahrzehntelang zu Sklaven des eigenen Stimmungsbarometers machten und pünktlich einmal im Monat mit einem grandiosen Blähbauch einhergingen –, es ist überwunden! Das verschafft den Erfindern der Frauenbewegung von der Hüfte abwärts doch völlig neue Freiheiten: Sex ohne Angst vor Schwangerschaft, ein Leben ohne die Spirale, keine Angst mehr vor weißen Röcken an den kritischen Tagen!

Vielleicht treibt es sogar die Tamponindustrie in den Ruin. Droht der Always-Ultra-Slipeinlage etwa das AUS? Weil die Käuferinnen der geburtenstärksten Jahrgänge wegfallen?

Menopause – das bedeutet endlich Pause von den Malaisen der Jugend! Wechseljahre – DER Umbruch im Leben schlechthin. Eine Umstellung, eine Neuordnung, ein Beginn – der Anfang eines neuen Lebens, befreit von all den Hang-ups und Kinkerlitzchen, die uns früher nur behindert haben. Was war das furchtbar, aus Angst, als Mauerblümchen zu enden, dauernd aufgestrapst seinen Platz in der Peer Group verteidigen zu müssen – und im Wettstreit um den muskulösesten Höhlenbewohner permanent in Stilettos an die Front auszurücken! Bin ich froh, dass dieses Immer-und-überall-dabei-sein- und Im-Leben-mindestens-mit-einem-der-Beatles-in-der-Kiste-gelandet-sein-Müssen endlich ein Ende hat.

Jedes Menschenleben teilen wir unbewusst in zwei grobe Abschnitte ein. So wie man aus einer grünen Gurke erst mal zur besseren Handhabung zwei Teile macht. Es gibt in unseren Biographien immer die Zeit VOR dem fünfzigsten und die Zeit NACH dem fünfzigsten Geburtstag. Und in der Mitte des Lebens, sozusagen VOR dem Altwerden, handelt es sich um eine Sondierungspause, um das Dritte Zeitalter. Wir werden von der Natur aufgefordert, die Dinge neu zu ordnen, quasi wie in einer Postpubertät.

Denn egal, wie sehr wir die Umstände beschönigen, unsere Biographie frisieren oder mit den minimalinvasiven Methoden der Schönheitsindustrie heimlich nachhelfen: Ab dem Jahr 2060 werden die Kinder der sechziger Jahre hundert!

Aber solange wir noch nicht Treppenliftuser und Butterfahrtenmuttis sind, solange es für uns nicht die schönste Sache der Welt ist, von den Operationen anderer Leute zu hören, so lange wir unsere Brille nicht dringender brauchen als Sex, so lange liegt es an uns, die Mitte des Lebens zum strahlenden Höhepunkt zu gestalten.

Prozentual gesehen bilden die einstigen Blumenkinder nun die stärkste Bevölkerungsgruppe und lassen die heutigen Zwanzig- bis Dreißigjährigen zu einer Minderheit schrumpfen. Und so schauen wir auf die Teenies von heute als die coolsten Omas aller Zeiten herab! Großmütter wie uns hat die Welt noch nie gesehen. Da müssen unsere Enkelinnen sich hüten, dass der Freund beim Familientreffen nicht zur Omama überwandert.

O. K., die bunten Baumwollkleidchen von damals spannen mittlerweile ein bisschen überm Hüftspeck. Und auf der Ablage im Bad sind die Verhüterlis, Thermometer, Pillen und Kondome unmerklich von Schrundensalben, Hühneraugenpflastern und Hornhauthobeln verdrängt worden. Mag ja sein. Aber all das bietet auch ungeahnte Perspektiven. Happy Feet heißt unser neues Hobby. Schließlich soll es uns nicht so gehen wie Uschi Glas: barfuß im Strandkorb sitzen und ein Kompliment für die schicken braunen Krokolederschuhe bekommen!

Klar, wer mit 50+ nach einer durchzechten Nacht heimkehrt, den schmerzen die müden Gelenke! Aber ich erinnere mich auch an so manches Frühstück in den Achtzigern, morgens um zehn, direkt nach der Disco und mit wundgetanzten Füßen in einem Café gestrandet. Und ausgerechnet da bohrte sich schon der alte Pickel bei unerbittlichem Sonnenschein durchs Make-up.

Klar kostet es inzwischen mehr Kraft und Energie, denselben Zustand der Berufsjugendlichkeit aufrechtzuhalten. Was sich damals automatisch ergab und mit natürlicher Leichtigkeit geschah, wird heute zum Projekt. Jetzt nehmen wir vorm Zubettgehen erst mal alles raus oder runter. Wir tragen keine durchsichtigen Nachthemden mehr, weil wir wissen, dass unser Partner eh nicht mehr durch sie hindurchsehen kann. Wir lassen einfach das Licht an, wenn wir keinen Bock auf Sex haben. Wir schauen nicht mehr in den Wolkenhimmel, um Bilder zu erkennen, sondern spielen das Spiel mit Krampfadern. Und wer früher Weibern beherzt in den Po gekniffen hat, winkt ihnen jetzt lieber mit der Krücke nach. Aber Achtung: Wer auf dem Sofa stundenlang vor sich hindämmert, wird schon mal von minderjährigen Enkeln für tot gehalten! Obwohl, so ging es mir früher auch, wenn ich Drogen genommen hatte. Überhaupt tragen diese

Erfahrungen meines gelebten Lebens entscheidend dazu bei, die allgemeine Lage entspannter einzuschätzen. Die Prioritäten zu verlagern, sozusagen. Schließlich habe ich nicht umsonst fünfzig Jahre lang mein Haar überlebt.

Das sind ja inzwischen gar keine Haare mehr, das sind Nervenenden, die bloßliegen. An schlechten Tagen toupiere ich mir die Haare schon mal mit der elektrischen Zahnbürste – weil die Schulter so schmerzt. Gebe ich zu! Aber solange um mich herum die Freunde nicht tot umfallen wie die Fliegen, ist das Wort »Friedhof« in weiter Ferne. Und bis die Wochenenden von Grabpflege dominiert werden, haben die Kinder der Sechziger altersbedingte Phobien durch angemessenere Strategien ersetzt. Dafür garantiere ich. Wir werden uns dem Rentnerdasein verweigern, auch wenn das Teddybär-Tattoo am Unterbauch längst für eine Giraffe gehalten wird.

Das Leben hat uns Babyboomer mit seinem rasanten Ablauf überrascht. Wichtig ist nun, dass sich die erste Lebenshälfte gelohnt hat. Die Kapazitäten und die Substanz, die wir bis zum fünfzigsten Geburtstag erworben haben, werden uns nun für den Rest des Lebens nähren. Wechsel ist der Rhythmus des Lebens – und nur was sich nicht mehr verändert, ist tot.

Fest steht: Mit fünfzig hat man die Hälfte des Lebens noch vor sich! Der Aufstieg mag mühsam gewesen sein, aber jetzt sind wir über den Berg, und die Aussichten sind spektakulär.

Es liegt in der Natur der Sache, dass sich auf der Straße bergab das Tempo von selbst beschleunigt. Wir müssen nicht mal mehr Gas geben, um bei unserer Talfahrt auf Hochtouren zu kommen. Stellen wir uns also kollektiv auf diesen neuen Rhythmus ein. Machen wir gemeinsam die besten Jahre des Lebens zum Fest. Wir mögen zwar bei den Jungen zu den Alten gehören – aber bei den Alten gehören wir zu den Blutjungen! Da dürfen wir wieder Küken sein, Nachwuchs, Azubi. Oder noch besser: die Pin-ups der Geriatrie!

Fünfzig ist das Alter der Jugend und die Jugend des Alters. Einen besseren Grund zum Ü-Partymachen gibt es gar nicht.

50+: BIN ICH RADIOAKTIV?

Warum haben die Leute heutzutage diese massiven Probleme, zum Älterwerden zu stehen? Lieber reden sie vom »Herbst des Lebens« oder retten sich in Floskeln wie »in unserem Alter« oder »Du bist ja auch nicht mehr die Jüngste«. In gepflegten Konversationen werden laufend Sätze gesagt wie: »Wir kommen ja jetzt in dieses ungute Alter« oder »Die und die geht ja auch stramm auf die Sechzig zu …«

Und wenn man mit 50– noch sexy und attraktiv ist, vielleicht sogar blendend schön aussieht und kaum Spuren des Verfalls aufweist, dann wird man gefeiert, als hätte man es beim Grand National Springreiten über den letzten Wassergraben geschafft. Dabei ist man lediglich in einer neuen Phase. Oder vielleicht liegt's doch nur an der Frisur?

Warum all diese verbalen Verrenkungen, wenn es darum geht, sich einer Gruppe zuzuordnen, die das Prädikat »jugendlich« nicht mehr nötig hat? Was man an Jugend verloren hat, wird doch um ein Vielfaches durch wesentlich wertvollere Errungenschaften ersetzt. Ich jedenfalls bin lieber eine alte, prall gefüllte, wertvolle Schatztruhe als eine junge, hohle, leere Vase.

Die Alternativen zum Älterwerden sind übrigens äußerst begrenzt: Da gäbe es zum Beispiel die Möglichkeit des frühen Ablebens. Gut, man wäre dann zwar aus dem Schneider, aber man hat auch nichts Spannendes mehr zu berichten. Besser ist doch auf jeden Fall diese Einstellung: Je älter ich werde, desto glücklicher werde ich auch.

Ich möchte altern wie ein guter Wein, der mit den Jahren immer wertvoller wird, weil er seine Qualität eben erst durch seine Reife erlangt. Natürlich gelingt das nur, wenn die Trauben und die Lagerung erstklassig sind. Und diese Bedingungen zu schaffen, dazu hatte man ja inzwischen ein halbes Leben lang Zeit.

Warum bloß wollen wir immer jung bleiben? Wenn man mit fünfzig noch genauso empfindet wie mit zwanzig, dann hätte man ja dreißig Jahre lang umsonst gelebt!

Irgendwas in unserem Denken ist auf die falsche Spur geraten. Wie bei einem Zentimetermaß, das versehentlich in der Hosentasche mitgewaschen wurde und eingelaufen ist. Die Zähleinheiten stimmen einfach nicht mehr. Warum, verdammt noch mal, ist das Wort »alt« heutzutage fast schon eine Beleidigung? Ähnlich wie die Unwörter »Nigger«, »Mongo«, »Kanake«, »Schlitzauge«, »Polacke« oder »Japse«?

Es ist ja verpönt, das Wort »alt« überhaupt noch in den Mund zu nehmen. Es schickt sich in der Gesellschaft nicht. »Alt« ist ein No-go! Eine Taktlosigkeit, genau wie das Ansprechen von Mundgeruch oder Schweißfüßen. Alt ist wie eine Behinderung. Dabei wird einem ja jede Hasenscharte eher verziehen, als dass man »alt« daherkommt. Sind Alte etwa radioaktiv? Ich glaube ja! Dahinter steckt natürlich Angst. Pure Angst vor dem Unbekannten, Angst vor den Veränderungen, den neuen Möglichkeiten – und vor der nackten Substanz unserer Persönlichkeit, die mit zunehmendem Alter immer mehr zutage tritt.

Tänzer halten sich schon ab dreißig für alte Zausel. Und Eisläufer gehören mit Mitte zwanzig bereits zum alten Eisen. In vielen Sportarten zählen die Dreißiger zur Seniorengruppe. Es kann aber auch ein Vorteil sein, in dieser Szene unterwegs zu sein, bei der die Jugend mit Mitte zwanzig schon flöten geht. Zumindest nimmt man dann mit 50+ das ganze Geschiss ums Altern lockerer.

Aber wieso um Himmels willen ist *alt* überhaupt ein Schimpfwort geworden? Nein, das ist keine dramatische Zuspitzung. »Da siehst du aber alt aus!«, ist doch wohl eindeutig eine Drohung. Wahrscheinlich ist es der Schatz an Erfahrungen, der dazu beiträgt, dass man permanent bemüht ist, Beängstigendes beiseitezuschieben – aber das macht uns nur noch ängstlicher! Überall gewesen, alles gesehen, alles schon mal mitgemacht. Man weiß also, was alles schiefgehen kann.

O. K., richtig alt zu sein, also so, dass man im Pflegeheim im Rollstuhl sitzt, der Urin die Beine entlangläuft und man mit lebenden Leichen, die einen sowieso nicht mehr erkennen, das Zimmer teilt – das ist beängstigend. Aber von dem Zeitpunkt, wo wir unsere Mahlzeiten nur noch püriert einnehmen, Akkordeonmusik lieben und Strumpfblumen basteln, wo wir die Sektkorken knallen lassen, weil wir von der Rezeptgebühr befreit wurden, und nur noch ein Idiotentelefon mit drei großen Tasten für Enkel, Arzt und Feuerwehr bedienen können – von diesem Zeitpunkt trennen uns doch noch vier Jahrzehnte! Und die lassen sich doch gut und gerne angstfrei in Angriff nehmen.

Ich glaube, der Jugend wird ein so großer Wert beigemessen, weil unsere westliche Gesellschaft heillos überaltert ist. Deshalb wird Jugend als Luxus gehandelt. Die Jugend wird vergöttert, weil sie langsam zur Seltenheit wird. Man stellt Jugendlichkeit auf ein Podest um ihrer selbst willen. Egal, ob es ein junger Wein oder ein junger Käse ist. Vollkommener Blödsinn!

Es gibt zwischen »alt« und »jung« mittlerweile ja auch gar keine Nuancen mehr. Wer nicht jung ist, der kann nur alt sein. Darf sich eine Gesellschaft, die für ein Menschenleben nicht mehr als zwei Kategorien übrig hat, überhaupt zivilisiert nennen? Hätten wir für die verschiedenen Altersphasen so viele Begriffe wie die Eskimos für Schnee, dann müssten sich Endzwanzigerinnen auch nicht dafür entschuldigen, dass sie demnächst dreißig werden.

Was machen diese superselbstbewussten PR- und Event-Managerinnen bei den ganzen gestelzten Vernissagen, wo eh keiner auf die Bilder schaut, für Verrenkungen, sobald sie jemand nach ihrem Alter fragt. Statt einfach zu sagen »Ich bin 39«, antworten sie: »Na ja, ich bin auch nicht mehr die Jüngste« oder: »Was schätzen Sie denn?«

In der modernen Gesellschaft ist es normal geworden,

sich jünger zu machen und jeden Geburtstag mehrmals zu feiern. Aber warum sind alle nur so fixiert auf diese Zahlen? Wir sind es ja schon gewohnt, dass überall in den Medien eine Altersangabe beigefügt wird. Illustrierte ähneln doch längst Gemischtwarenläden, bei denen der Wert der menschlichen Ware durch eine Jahreszahl ausgewiesen wird. Ich habe den Verdacht, dass diese Zahlen der Spiegel unserer Währung sind – je jünger, desto wertvoller!

Da liest man dann: Vicky Leandros, 65, ging mit Jette Joop, 45, spazieren, als der Mops, 3, das Bein hob und an einen Baum, 103, pisste! Was soll das? Wer bitte kennt das genaue Alter von Joan Collins? Um das herauszufinden, bräuchte man schon einen Experten, der die Jahresringe an alten Eichenstämmen zu zählen versteht.

Unter Schwulen ist es noch schlimmer. Da wird Alter in Hundejahren gerechnet, also mal sieben. Da wäre ich jetzt 371. Und als Hund schon tot.

Ich persönlich empfinde mein Alter dagegen als total variabel: Wenn ich auf der Bühne stehe, bin ich zwanzig. Wenn ich mein Leergut zu Aldi schleppe, bin ich 105.

Vielleicht besteht das ganze Problem ja auch darin, dass unsere Maßstäbe in den letzten Jahren gründlich auf den Kopf gestellt wurden. Heute schreiben 17-Jährige Romane, 15-Jährige verdienen Millionen mit Musik und 14-Jährige sind Topmodels oder Olympiasieger. Und genauso wie Size zero als normal gilt, können Männer beim Flirten oftmals die Mutter nicht von der Tochter unterscheiden. Die Standards haben sich komplett geändert.

Eigentlich sollte es deshalb verboten werden, Menschen

nach ihrem Alter zu fragen. Andere medizinische Werte unterliegen ja auch dem Arztgeheimnis. Diese streng mathematische Zeiteinteilung eines Menschenlebens lässt doch den ganzheitlichen Aspekt unseres Daseins völlig außer Acht. Was in meiner zahlenmäßig nachgewiesenen Lebenszeit an geistiger, seelischer und körperlicher Nahrung in meine körperliche Hülle hineingeflossen ist, nur das allein bestimmt doch das persönliche Entwicklungsniveau, auf dem ich mich heute befinde! Und nur das macht mich zum Menschen. Ohne Herz, Geist und Seele wäre man ja nur ein Organismus.

Wir alle kennen Dreißigjährige, die bereits Visagen haben wie eine ausgebombte Turnhalle. Da ist es mir doch lieber, ich bin alt und wirke wie eine Klosterruine, die in der Dämmerung als grandioses Bauwerk beeindruckt.

Immerhin ist sogar Barbie inzwischen 50+ geworden! Sie bleibt sich ja auch nur deshalb treu, weil sie kein Hirn hat. Und leider versuchen auch wir Babyboomer immer noch, die Unterschiede zwischen uns und dem Modepüppchen unserer Kindheit möglichst geschickt zu vertuschen. Nicht nur, dass die Proportionen von Barbie uns ästhetisch geprägt haben, sondern unsere Schönheitsambitionen wurden gleichzeitig auch noch durch eine ganze Legion bereitwilliger Helfer unterstützt: Danke schön Botox, Dank ans Nagelstudio, ans Fitnesscenter und den Friseur, Dank an »Sex and the City«, Dank an Fotoshop, Dank an Fettabsaugungen und Schönheitsoperationen, an Silikonimplantate und Zahnchirurgie! Ihr habt für den Normalsterblichen die

Latte einfach zu hoch gehängt! Magermodels, Moderatorinnen, Megastars, Multimillionärinnen: Das sind die utopischen Vorbilder, denen wir nacheifern. Und was nicht passt, wird eben passend gemacht. Der Baumarkt macht's vor. Leider erinnern auch die Resultate oft an eine Do-it-yourself-Sanierung auf Hobbyheimwerkerniveau.

Wenn man als Generation altert, orientiert man sich eben an den Idolen von einst. Aber nicht mal Sex, Drugs and Rock'n'Roll können den Lauf der Welt stoppen. Auch die Beatles sitzen inzwischen so gut wie im Treppenlift. Und der ein oder andere Rolling Stones erholt die steifen Gelenke still und heimlich bei einer Kneipp-Kur.

Der einzige Unterschied ist der: Eine Girl-Group, bestehend aus vier alten Schachteln, könnte es sich niemals erlauben, ihre gegerbte Lederhaut voller Furchen, Falten und Verfallserscheinungen so schamlos auszustellen. Alte Rockstars dagegen dürfen genau das sein, was sie sind: alte Rockstars eben. Brigitte Bardot aber muss sich im Alter verstecken und mit Seehunden spielen. Für Frauen im Showbiz ist es offenbar besser, sie fallen beizeiten tot um.

Dabei macht nichts auf der Welt uns älter, als jugendlichen Klischees und Verhaltensmustern hinterherzuhecheln. Aber wer mit 50+ immer noch aus der Pantolette seiner Geliebten Champagner schlürft, der muss aufpassen, dass er nicht irgendwann an einer Dr. Scholl Schuheinlage erstickt.

Sicher ist nur: Wer heute jung ist, wird übermorgen alt sein. Oder tot.

50+: ALTE SCHRIPPE
ODER OLLE HIPPE?

Abgesehen von den üblichen Enttäuschungen, Demütigungen, Erniedrigungen, Verleumdungen, Prozessen, Steuerprüfungen, Nervenzusammenbrüchen, Räumungsklagen, gecancelten Flügen, Erpressungen und Vergewaltigungen habe ich in den letzten fünfzig Jahren verdammt viel Spaß gehabt. Alles, was ich weiß oder kann, habe ich mit 30+ gelernt. Die frühe Jugend, also jene Zeit, der wir alle nachtrauern, war in meinem Leben dagegen die traumatischste aller Phasen. Zwischen 18 und 28 hatte ich einfach gar nichts zu lachen. Erst mit dem Siegeszug der Schulterpolster und Schleierhüte à la Dallas und Denver Clan stellte sich bei mir ab Mitte der achtziger Jahre das Gefühl einer gewissen Lebensberechtigung ein.

Rückblickend bin ich dankbar, denn die taufrische, naive Buschrose, die ich damals war, hat allen rauen Witterungen standgehalten und in Ruhe ihren vollen Charakter und ihr individuelles Aroma entwickeln können. Aufzucht gelungen also. Fest verwurzelt und von robuster Substanz. Keinerlei Fäulniserscheinungen. Weder Hefepilze noch Blattlausspuren. Der Herbst kann kommen. Gott sei Dank also, dass es so und nicht anders verlaufen ist.

Und so verstehe ich auch die nächste Jahreszeit nicht als Barriere, sondern als Hürde, die genommen werden muss, als Herausforderung, an der man wächst. Trotzdem bin ich der festen Überzeugung, dass unser gregorianischer Kalender auf einem Irrtum basiert. Ein fataler Rechenfehler! Wie hieß der Typ, der das verbrochen hat? Das können sich doch auch nur weinselige Griechen oder Ägypter ausgedacht haben, dass ein Jahr aus 12 Monaten besteht. Sie hätten uns allen wirklich einen Riesengefallen getan, wenn das Jahr 15 Monaten hätte. Dann wäre ich persönlich jetzt zum Beispiel 42.

Stattdessen steht man jetzt auf Partys rum und soll es als Kompliment auffassen, wenn man gesagt bekommt: »Sie sehen überhaupt nicht aus wie fünfzig!« Gott, wie mir das auf die Nerven geht! Diese Floskel »Du siehst toll aus – für dein Alter!«, die ist schlichtweg dumm. Als Baby sah ich auch toll aus – für mein Alter!

Aber wie, bitte schön, hat man denn mit fünfzig überhaupt auszusehen? Soll ich aussehen wie ein sexy Oldie oder wie eine olle Hippe? Soll mein Gesicht geliftet sein wie eine Halloweenfratze und mein Arsch plissiert wie ein altes Raffrollo? Wie sieht fünfzig denn nun aus? Wie E. T. beim Nachhausetelefonieren? Braungebrannt und verkrustet wie eine alte Schrippe? Oder doch labberig und runzelig wie ein alter Sack?

Wie sie alle lügen, diese panischen 40+-Schauspielerinnen, die sich zehn Jahre jünger machen und bei denen die Haut zu knapp geworden ist, um sie über das dürre Knochengerüst zu spannen. Wie sie alle ihre besten Jahre unter den Tisch kehren – aus nackter Angst, als Fallobst aussortiert zu werden! Wie sie sich alle nachts auf den Kopf stellen, damit das viele Wasser ins Gesicht fließt, das sie über den Tag verteilt trinken. Und wie sie verzweifelt ihre Ananasrinden auslutschen – nur um so auszusehen wie Iris Berben.

Die Jahre, die man beim Lügen wegschummelt, werden übrigens nicht einfach weggeworfen. Nein, die werden beiseitegelegt und sorgsam aufbewahrt. Damit man sie später auf das Alter der Kolleginnen draufschlagen kann, über die man gerade mal wieder lästert.

Hinzu kommt auch noch der permanente Frust, dass über das Alter von Männern völlig anders geredet wird als über das der Frauen. Beliebten Barden der TV-Landschaft wird ohne weiteres zugestanden, aus der Vergreisung à la Reich-Ranicki ein öffentliches Spektakel und sogar ein Geschäft zu machen. Und dennoch geben sich die Typen eitel! Man glaubt es kaum, aber auch so ein alter TV-Zausel wie Hugo Egon Balder verschwindet vor jedem Gang ins Studio erst mal für zwei Stunden in der Maske. Man fragt sich, was die alten Knacker in der Zeit bloß an sich machen lassen? Sie betreten die Maske als alter Kerl und verlassen sie auch wieder als alter Kerl. Wahrscheinlich beansprucht das Kleben der Perücke so viel Zeit.

Sie ahnen ja gar nicht, wie viele meiner männlichen Kollegen mit Zweitfrisur arbeiten! Wie finden Sie zum Beispiel das Toupet von Thomas Gottschalk? Ich habe es mal per

Zufall entdeckt, als ich es aus seiner Reisetasche am Flughafen herauspurzeln sah. Zuerst hielt ich es für einen kleinen Yorkshire Terrier.

Der Unterschied zwischen einer rundum hergerichteten Transe und einer TV-Moderatorin wird auch immer kleiner. Von Extensions über Plastiknägel und -brüste bis zu falschen Wimpern – die Moderatorenfraktion bedient sich der gleichen Hilfsmittel, wie es jede Dorftranse bei ihrer Playback-Show tut. Ich könnte Ihnen zum Beispiel nicht sagen, wer stärker geschminkt ist: Lorielle London oder Nina Ruge?

Und was bei den Frauen falsche Wimpern und Lipgloss bewirken sollen, das erledigen die Kerle mit Selbstbräuner, Permanent-Make-up und ägyptischer Erde. Denn wenn sie einmal mit blondgesträhnter Föhnwelle und in Stonewashed-Jeansjacke den Markt erobert haben, dann beißen sich die alten Kerle in der TV-Landschaft fest wie die Zecken.

Wenn ich das faltige Gesicht von Dieter Bohlen sehe, frage ich mich wirklich, wie wohl erst seine Eier inzwischen aussehen. Er meinte ja mal zu mir, seine Falten kämen nicht vom Altern, sondern vom Lachen. Ich erwiderte nur: »Dieter, nichts auf dieser Welt kann soooo komisch sein!«

Aber ich verstehe Dieter. Die Tatsache, dass er, wenngleich auch recht rüstig, stramm auf die sechzig zugeht und dabei nach wie vor den agilen Playboy geben muss, lässt sich nur ertragen durch eine Mischung aus totaler Resignation gepaart mit stoischer Akzeptanz.

Es stimmt ja auch: In jeder älteren Person steckt ein ICH,

das viel, viel jünger ist als diese Zahl, die angeblich unser Alter beschreibt. Und dieses jugendliche ICH in unserer Brust wundert sich permanent, wo die Jahre geblieben sind. Wie konnte die Jugend nur so schnell abhandenkommen?

Ich erinnere mich nur zu gut, wie wir früher mit dem Alter gemogelt haben, um ins Kino oder in die Disco zu kommen. Da hat man sich zwei Jahre älter gemacht, um Zigaretten zu kaufen oder den Segelschein zu machen. »Größer sein«, hieß die Devise. Sich älter machen, um auf der Kirmes Autoscooter zu fahren, Schiffschaukel mit Überschlag zu erleben oder mit der Loopingachterbahn durchs Tal des Schreckens zu jagen.

Jugendliche machen sich älter, Erwachsene machen sich jünger. Immer schön gegen den Strom schwimmen, statt sich mit ihm treiben zu lassen.

Und dann besuchen wir Esoterik-Seminare, in denen wir lernen: Don't push the river, go with the flow! Dabei müsste eigentlich die erste Lektion sein, sich nicht dauernd gegen den Lauf der Welt zu stemmen. Der Herbst fördert eine prachtvolle Farbenvielfalt zutage und kehrt all das hervor, was an Schönheit in uns steckt. Nur mit der Putzigkeit gleichförmig sprießender, zartgrüner Knospen ist es nun mal vorbei. Denn von allem, was putzig ist, sollte man sich in der Mitte des Lebens wirklich verabschieden. Goldig sind die anderen. Jungfräulichkeit kauft uns keiner mehr ab.

Da können wir von den alten Säcken wirklich noch etwas lernen: Unsere männlichen Altersgenossen haben nämlich tendenziell schon am nächsten Tag vergessen, dass sie gestern fünfzig geworden sind. Frauen hadern mit sich, fühlen

36

sich klaustrophobisch umzingelt, ausweglos eingesperrt – wie im Fahrstuhl einer Warenhauskette, der sie in ein Stockwerk bringt, wo keiner sich auskennt. An unserem fünfzigsten Geburtstag werden wir auf einen neuen Level verfrachtet. Null Orientierung, wenn die Fahrstuhltüren sich öffnen. Was tun wir? Erst mal die neue Umgebung sondieren und uns dann unauffällig zurückziehen. Weil man ja nicht weiß, welche Gefahren hier lauern. Gutes hat man jedenfalls nicht gehört über das Angebot auf der Etage 50+.

Wahrscheinlich gibt es hier nur noch Fehlposten und Ladenhüter. Ein attraktives Angebot jedenfalls sicher nicht, weil es sich ja auch um eine Kundschaft jenseits des Verfallsdatums handelt. Ja, viele Frauen haben sogar plötzlich das Gefühl, sie seien selbst die Restposten. Sie lösen sich in Farblosigkeit auf. Gewinnen dem Leben nichts mehr ab. Sagen sich: »Wenn man schon zum alten Eisen gehört, dann sollte man wenigstens unauffällig gekleidet sein.« Wenn sie dann noch Witwe werden, verschmelzen sie endgültig mit dem Sonnenuntergang, der über den Gräbern liegt.

Grauenvoll! Regelrecht bescheuert ist das. O. K., es handelt sich um eine Entscheidung, die jeder für sich treffen muss. Aber mir wird es immer unverständlich bleiben, wie Menschen sich für den falschen Weg entscheiden können – und der falsche ist immer der, der dem Leben nichts mehr abgewinnt.

Tragen wir dieses verzerrte Bild etwa in uns, weil wir Opfer des Konsumterrors geworden sind? Haben wir uns zu lange von dem Irrglauben korrumpieren lassen, dass wir glücklich werden, wenn wir nur die richtigen Waren einkaufen? Ist dieses Lebensgefühl Spätfolge einer Philosophie, die behauptet: »Ich shoppe, also bin ich?«

Das Leben ist eben kein Kaufhauslift, der uns von einer Ebene zur nächsten trägt und mit jeder Etage ein Angebot bereithält, dem wir uns anzupassen haben. Vergesst das Bild, dass wir mit 50+ irgendwo aussteigen, wo wir noch nie gewesen sind. Nein, das Leben ist kein Wolkenkratzer mit Speedlift, von dessen Hochdruck-Hydraulik uns Hören und Sehen vergehen. Wir müssen auch auf keiner wackeligen Himmelsleiter die Stufen erklimmen, die uns irgendwann bei Petrus anklopfen lassen.

Im Gegenteil, das Leben entwickelt sich nicht nach oben ansteigend, wie uns diese dämlichen Jahreszahlen vorgaukeln, sondern wir erweitern unser Areal von Jahr zu Jahr in einem immer größeren Radius in alle Richtungen! Terrain erobern heißt die Devise!

Trotzdem – das Gemeinste am Altern ist, dass Männer ein Gesicht haben dürfen wie der durchfurchte Arsch eines Rhinozeros und sich dabei immer noch als Zentrum des Universums fühlen. Sie gehen auseinander, werden knorpeliger, krummer, faltiger und kahler und nehmen sich dann noch das Recht heraus, die 50-jährige Partnerin gegen zwei 25er zu tauschen.

Wenn ein 22-jähriges Mädchen sich mit einem siebzigjährigen Playboy einlässt, weiß die ganze Welt, dass sie nicht hinter seinem Körper her ist. Nur der alte Idiot glaubt, er habe das junge Ding erobert, weil sie sich in sein Herz aus Gold verliebt hat! Nee, das Gold muss auf der Bank liegen, sonst bleibt ein alter Sack allein!

Daher schlage ich vor: Egal, ob alte Schrippe, olle Hippe oder alter Sack – lassen wir uns doch mit dem Altern einfach alle Zeit der Welt!

DER FÜNFZIGSTE GEBURTSTAG
ODER SCHLUSS MIT PUTZIG!

Fünfzig ist ein wunderbares Alter, weil man im Prinzip alles weiß und noch nicht gaga ist. Jetzt sollten wir schnurstracks beginnen, unser Wissen anzuwenden. Denn die Menschheit wäre gestraft, wenn wir allesamt unsterblich wären und die ewige Jugend gepachtet hätten. Mit Sicherheit würde »Altern dürfen« dann zum Privileg der Luxusklasse werden und nur wenigen vorbehalten sein. Aber wie halten Menschen das nur aus, sich nicht weiterzuentwickeln oder zu verändern? Und warum verschafft uns Stagnation ein Gefühl von Sicherheit?

Das Leben selbst spielt mir grauenhaftes Beweismaterial in Hülle und Fülle zu, dass es allgemein üblich ist, in einem einmal erworbenen Muster zu verharren und innerhalb bestehender Lebensschablonen zu stagnieren. Leider Gottes eben auch, wenn sich die Bedingungen und das Umfeld unmerklich verändern. Aber für viele Menschen gilt offenbar: Lieber ein Leben in der altbekannten Tretmühle als ein Wechsel zur ungeahnten Glückseligkeit!

Wenn Alter aber Fortschritt bedeutet, warum fürchten dann alle den fünfzigsten Geburtstag mehr als jeden anderen? Sind es die Erinnerungen an unsere erste Pubertät, als das Testosteron wie ein Hexengemisch in unsere Lenden einschoss und Schübe von Östrogen uns über Nacht zu zickenden Hormonbomben werden ließen?

49-jährige Weiber führen sich genauso verunsichert auf wie die Teenager!

Geht man wieder wie damals am letzten Abend vor dem »unheilvollen« 13. Geburtstag zu Bett, friedlich und lammfromm, liest ein gutes Buch und träumt vom Ponyhof – um am nächsten Morgen türknallend ins Bad zu taumeln, wo man im Spiegel von einer fremden, pickeligen, mürrischen Visage mit einer viel zu großen Nase angestarrt wird, deren Besitzerin sich wünscht, niemals geboren worden zu sein?

Sitzt das kollektive Trauma der Pubertät für den Rest des Lebens so tief in unseren Knochen, dass wir fürchten, so was Ähnliches wird uns noch mal passieren, wenn wir fünfzig werden? Nur viel, viel schlimmer?

Und wie soll es dann bloß weitergehen? Wer interessiert sich dann noch für uns? Wir sind ja dann unstrittig nicht mehr »forever young«!

Ich erinnere mich genau, wie ich in den Siebzigern auf alles, was ü-dreißig war, als »scheintot« herabgeschaut habe. Fünfzigjährige waren für mich wandelnde Antiquitäten. Kreaturen aus einer anderen Epoche. Gestalten von einem anderen Planeten. Sie erzählten von Hunger, Krieg, Entbehrung, Verlust und verlorener Heimat. Es waren Überlebende, noch mal Davongekommene, die sich ihr Schicksal nicht ausgesucht hatten.

»Was auf den Tisch kommt, wird gegessen.«

»Es gibt kein hartes Brot, gar kein Brot, das ist hart.«

»Iss einen Apfel, wenn du Hunger hast.«

Das waren die Marschsignale dieser Fregatten in Kittelschürzen. Man hatte sich ihnen mit Nachsicht und Rücksicht zu nähern, weil sie »alt« waren. Sie benutzten unmoderne Vokabeln wie »Korinthenkacker«. Und wenn sie sich empörten, sagten sie nicht »Arschloch«, sondern »Mein lieber Herr Gesangsverein«.

Wie werden wir einmal sein? Lassen wir uns ab dem fünfzigsten Geburtstag Zeit beim Treppensteigen, sammeln Prospekte über Osteoarthritis und machen in steingrauen Tretern Gruppenbusreisen, um bei einer Blumenschau »aufzutanken«? Wird man, wenn ich mich mal wieder in hochhackige Stiefel, enge Jeans und ein Baby-Doll-Hängerchen schmeiße, hinter vorgehaltener Hand sagen, ich sei »flott«? Bin ich jetzt »rüstig«? Wie lange bleibe ich »agil«? Bleibt mir in Notlagen jetzt nur noch die Senioren-Helpline?

Ich glaube, wir fürchten unseren fünfzigsten Geburtstag so sehr, weil er die Erinnerung an den 13. wie ein Déjà-vu-Erlebnis aufleben lässt. Und zwar mit der Wucht einer Naturgewalt. Wir fürchten uns auch, weil wir wissen, dass ein Sich-gegen-das-Älterwerden-Stemmen bedeutet, sich mit Mutter Natur anzulegen. Und die kennt keine Gnade.

Wie also haben wir uns diesen vermaledeiten fünfzigsten Geburtstag vorzustellen? Werden wir mit 49 als rassige, voll erblühte Schönheit ins Bett gehen, mit makellosem Teint und nach allen Regeln der Kunst gewartetem Haupthaar, hohen Wangenknochen und sorgsam gepflegtem Kussmund? Und werden wir am nächsten Morgen dann vom gleißenden Licht unserer wild lodernden Geburtstagstorte geweckt?

Ich habe mir doch nur die Torte mit fünf Kerzen gewünscht! Eher als Zitat oder Symbol oder als Erinnerung an meinen dritten Geburtstag, als ich faltenfrei und rosig war. Und nun bedroht mich dieses bengalische Feuer, hämisch und zynisch flackernd!

Müssen wir uns vor Verbrennungen fürchten, wenn wir an unserem Fünfzigsten die Kerzen ausblasen sollen? Wird es uns in der Nähe der Torte zu heiß sein? Muss ich Baumwolle statt Polyester tragen, damit meine Bluse kein Feuer fängt? Wie heiß soll mir denn noch in der Mitte des Lebens werden, verdammt noch mal! Werden die Kerzen am Ende gar teurer sein als der ganze Kuchen?

Im Übrigen assoziiere ich mit fünfzig Kerzen irgendwie diese Lichtermeere, die verstörte Schulklassen in ihrer Trauer bilden, wenn mal wieder Amokschützen ein ganzes Kollektiv von Lehrern niedergeballert haben. Oder wenn Hunderte schwimmender Kerzen zu Wasser gelassen werden, um die Absturzstelle eines Düsenjets über dem Atlantik zu markieren.

Nein, am fünfzigsten Geburtstag eine voll entflammte Geburtstagstorte zu ertragen, das ist kein Zuckerschlecken. Wie heißen noch gleich diese Panikattacken in Therapeutenkreisen? Sich selbst erfüllende Prophezeiungen?

Und was kommt nach den Kerzen? Werden wir uns ab diesem Tag »alt wie ein Baum« aus dem Bett hieven? Uns ächzend ins Bad schleppen und im Spiegel die zerknautschte Visage eines Karl Dall erblicken?

Ich persönlich habe davor keine Angst – weil ich das schon kenne. Auch in meinen Dreißigern hatte ich oft morgens grundlos ein matschiges Gesicht wie Kuchenteig. Kleine, aufgequollene Schweinsäuglein, ein schmallippiger Mund, blass und schief, tiefblaue Augenringe und gerötete, fleckige Haut! Gesamteindruck: vertrocknete, alte Pflaume! Dabei hatte ich am Abend zuvor noch Komplimente en masse kassiert. Und als Beleg des optimalen Eindrucks, den ich nachts hinterlassen habe, gab es strahlende Fotos in meinem Partyalbum.

Was passiert mit uns Frauen bloß in der Nacht? Implodieren wir? Oder werden wir vom lieben Gott für unsere Sünden mit einem Fluch belegt? Irgendein Teufel kommt des Nachts und macht eine alte Rechnung auf. Jedenfalls ist mir das nicht geheuer, warum Frauen im Schlaf zerfallen. Männer sehen beim Aufwachen doch auch genauso aus wie beim Einschlafen. Nur wir Frauen fangen morgens beim Urschleim an und müssen uns wie ein Puzzle neu zusammensetzen. Wie abstoßend!

Weil ich mich aber in den glorreichen Jahren der Jugend oft als so unattraktiv und unzulänglich empfunden habe, frage ich mich, wovor ich mich in Zukunft ängstigen soll? Für mich bedeutete jedes vollendete Jahrzehnt stets Fortschritt! Ich habe Fehler prinzipiell nie zweimal gemacht. Da mache ich lieber immer neue Fehler.

Gut, der fünfzigste Geburtstag hält Überraschungen bereit, die wir uns früher niemals hätten träumen lassen: singende und tanzende Geburtstagskarten, eine Flut von E-Mails mit Werbeanzeigen für Penisvergrößerungen und Viagra, verzweifelte Bettelbriefe von Internetportalen in Bangladesch. SIE MÖCHTEN EINE KIRCHE GRÜN- DEN – WERDEN SIE PRIESTER! LEBEN SIE ALS GRAF UND GRÄFIN GANZ LEGAL FÜR NUR 29,90 Euro – an- onymer Online-Titelversand! KOSTENLOSER SEHTEST IN IHRER APOTHEKE! FREIER EINTRITT IM ZOO! Nehme ich alles nicht in Anspruch. Ich hätte viel zu viel Angst, dass die blitzschnell die Gitterstäbe hochziehen und ich auf der falschen Seite im Affenhaus lande.

Man kann es nicht oft genug sagen: Ich betrachte die Wechseljahre als meine zweite Volljährigkeit. Eigentlich bin ich erst jetzt im Vollbesitz meiner körperlichen und geisti- gen Attraktivität. Man ist nicht mehr jung, aber noch längst nicht alt: Tusch für das dritte Zeitalter, willkommen auf dem Zenit! Wer mit zwanzig nicht knackig aussieht, mit dreißig nicht mutig ist, mit vierzig nicht reich und mit fünf- zig nicht klug, der wird nie von sich behaupten können, je- mals im Leben knackig, mutig, reich oder klug gewesen zu sein.

Mit zwanzig sammelt man Erfahrungen, mit dreißig lernt man seine Lektionen, mit vierzig zahlt man seine Drinks selber und mit fünfzig …? Entdeckt man da vielleicht die Schönheit von Porzellan-Pierrots? Tritt man einem Buch- club bei? Wundert man sich, warum man nicht schon frü- her Makramee als Hobby entdeckt hat? Oder entscheidet man sich als letztes modisches Accessoire für eine dieser lächerlichen Brillenkettchen, an denen eine Sehhilfe baumelt?

Nun, solange ich den iPod meines Sohnes nicht als »Plattenspieler« bezeichne, fühle ich mich absolut jung.

RAUS AUS DER KRABBELGRUPPE ODER WER SIND DIE NEUEN ALTEN?

Ja, der Begriff »rüstig« hat durch die Kinder der Sechziger eine völlig neue Dimension bekommen. Diese Invasion der späten Mädchen wird Deutschland plattmachen. Denn die Krabbelgruppe haben wir nun mit Auszeichnung absolviert. Und eine Generation, die ihre BHs verbrannt und unter freiem Himmel freie Liebe praktiziert hat, wird auch im Seniorenstift noch Pfeffer im Arsch haben.

Unsere Partner müssen sich ja nicht mal mehr – wie einst ihre Väter – davor hüten, beim Sex wie ein wildes Tier die dritten Zähne ins Nackenhaar der Geliebten zu schlagen! Bei Opa endete das damit, dass Oma am nächsten Morgen in ihrer Perücke das Gebiss suchen musste; wir erfreuen uns inzwischen der Natürlichkeit von in den Oberkiefer hineingefrästen Implantaten.

Und wir sind erfahren genug zu wissen, dass eine kluge Frau immer einen Mann aus derselben Generation wählt. Denn während dann bei ihr die Zellulitis fortschreitet und die Brust erschlafft, schwindet bei ihm die Sehkraft! Und wenn er die Viagra einschmeißt, während sie beginnt, ihre Stützstrümpfe runterzurollen, sind nach dreißig Minuten beide gleichzeitig bereit! Das klappt natürlich nur bei gleichaltrigen Paaren. Und dieser natürliche Schutz des Alterns als glückliches Paar ist automatisch verwirkt, wenn mehr als zehn Lebensjahre die Partner trennen.

Weder soll Sex in Barmherzigkeit ausarten, noch hat der liebe Gott geplant, dass eine dreißigjährige Ehefrau ihren siebzigjährigen Ehemann trockenlegt. Aber all das scheint ja heute legitim. Man wird ja schon diskriminiert, wenn man es wagt, darüber einen Kommentar abzulassen, dass eine 45-Jährige sich mit einem 25-Jährigen liiert oder ein Neunzigjähriger eine 25-Jährige heiratet. Es ist eben alles erlaubt!

Aber den Zahn der Zeit, der an uns nagt, interessieren Liberalität und politische Korrektheit einen Scheißdreck. Die absonderlichsten Partnerwahlmöglichkeiten mögen legal sein, aber Mutter Natur ist es, die die Eier in der Hose hat. Und sie wird uns immer wieder daran erinnern, wer hier der Chef ist.

Was meine Generation so einzigartig macht, ist die Tatsache, dass wir unsere Kindheit im Wirtschaftswunderland verbrachten und als Teenager die technologische Revolution erlebten. Die Welt im Wandel, das ist das Klima, dem wir entstammen. Umwälzende Veränderungen sind uns vertraut. Unsere Eltern kannten die Pille noch nicht und wuschen ihre Wäsche per Hand. Erdrutschartige Umwälzungen, lose Sitten, Bilder von aufgeschnittenen Toten, alles für uns ein Spaziergang. Selbst Veteranen der Sechziger blicken heute nostalgisch auf ihr eigenes Lila-Latzhosen-Trauma zurück. Und Oswalt Kolle wirkt mittlerweile geradezu wie ein Märchenonkel – wenn man bedenkt, dass jeder moderne Kindergarten, der etwas auf sich hält, Vorschulkindern heute schon erläutert, was die bunten Plakate und Werbespots gegen Aids und für Kondome bedeuten. Und in der Pubertät genügt dann ein Download aus dem Segment Hardcore-Pornoliteratur, und schon hat man per Copy & Paste die Deutschhausaufgabe »Mein schönstes Ferienerlebnis« fertig.

Tja, was sollen wir denn da überhaupt noch machen, um mit den eigenen Enkeln Schritt zu halten? Keiner von uns wird strickend im Schaukelstuhl mit kaputter Dauerwelle die geschichtenerzählende Großmama geben. Da präsentieren wir lieber unsere eigene Ausstellung oder springen im lila Catsuit-Leopard in der Thai-Chi-Gruppe rum! Denn wir sind und bleiben Kinder der sexuellen Revolution, die einst körperliche Liebe als Sportart betrachteten. Und wir haben es auch als Generation 50+ faustdick hinter den Ohren.

Diese Generation Omi erfindet sich neu. Die Besten von uns haben gar keine Zeit mehr für ihre eigenen Enkel. Manche Frauen über fünfzig gebären ja sogar die eigenen – Enkel! Siehe die Mutter von Sarah Connor, die mit fünfzig Jahren noch Zwillinge zur Welt brachte! Mag zwar umstritten sein, ist aber mit ein wenig gutem Willen machbar. Und wer an seinem fünfzigsten Geburtstag so gut drauf ist wie

Nena, der pfeift sich eine Ecstasy ein, um auf der Hüpfburg Spaß zu haben.

Oma lernt Spanisch, geht aufs Partyschiff Aida und hat endlich Zeit für sich und den kostenfreien Partnerpsychotest am PC. Frei nach dem Motto: »Welche Bedürfnisse habe ich wirklich?«

Kein Wunder, denn wer mit »Backen ohne Mehl« groß geworden ist, kommt auch mit Sex im Alter zurecht ... Und so manch einer aus der Generation 50+ wird beflügelt und glücklich eine neue Partnerschaft, einen neuen Bund fürs Leben eingehen. Oder überhaupt erst jetzt die wahre Liebe finden!

Denn die zweite Hälfte des Lebens beinhaltet die Chance zum Leben – und zwar ohne die Verirrungen und Experimente der Vergangenheit. Man schlittert in nichts mehr hinein. Weder in Ehen aus Torschlusspanik noch in Verpflichtungen aus Höflichkeit.

Die Kinder sind selbständig geworden, die Jobsuche hat sich durch Kontakte und eigene Ideen minimiert, viele sitzen fest im Sattel, erfreuen sich als Angehörige der »Generation Erben« an der Omma ihr klein Häuschen. Nicht selten fließen aus der »alleinstehenden Verwandtschaft« weitere Latifundien zu. Endlich entsteht Raum für das, »was mich schon immer interessiert hat«.

Da werden dann ausgediente Ehemodelle abgewickelt, Partner, die sich nicht bewährt haben, entsorgt, Kuckuckskinder melden sich zurück und werden in den Schoß der Familie integriert – alles sozusagen im Zuge der Weisheit des Alters.

Ja, und all die Freundschaften, für die man endlich Zeit
hat. Und man flirtet auch ganz anders als damals. Endlich
ist diese verwirrende Unsicherheit überwunden, die einen
damals immer plagte, als man noch mit den Selbstzweifeln
und der Identitätssuche der Jugend beschäftigt war. Wenn
die Kinder der sexuellen Revolution in der zweiten Lebenshälfte auf Freiersfüßen wandeln – na, da ist Techno-Party
im Seniorenclub!

Wir haben so vieles angezettelt zwischen Studenten-
revolte, Emanzipation, Mauerfall, Privatfernsehen und Globalisierung – wir sind überall dabei gewesen und haben uns
die Freiheit genommen, der Welt unseren Stempel aufzu-
drücken. Darum sollten wir handeln, solange wir noch bei
Trost sind. Denn vielleicht können wir uns in zwanzig Jahren an nichts mehr erinnern?

Aus dem Zenit, auf dem wir uns befinden, ein Hoch-
plateau zu machen, das ist unsere Aufgabe ab 50+!

Dazu gehört auch, endlich ehrlich mit sich ins Gericht zu
gehen. Sind Sie vielleicht der Typ, der schon in jungen Jahren im Kaufhaus immer gerne die Rolltreppe nach unten
genommen hat??? Dann sind Sie schlichtweg träge! Warum,
verdammt noch mal, entscheiden Sie sich für den Weg des
geringsten Widerstandes? Überwinden Sie Ihren inneren
Schweinehund! Sonst könnte es gut sein, dass Sie in zwanzig Jahren mit umgehängtem Behindertenausweis vom
Telebus abgeholt werden.

Ich flehe euch an, liebe Hawaii-Toast-Schwestern: Die
Rolltreppe ist nur aufwärts legitim. Abwärts nehmen wir
sie dann ab achtzig. Denn den Rolltreppen-nach-unten-

User trennt nur noch ein schmaler Grat vom Treppenlift. Wir kennen das doch von unserer Haut: Runter kommt immer alles von allein. Alles, was auf Gottes Erde oben ist oder aufrecht steht, wird eines Tages runterkommen müssen – schaut euch die Kerle an! Oder eure Brüste!

WIE WIR WURDEN, WAS WIR SIND

Wie kam es eigentlich zum großen Babyboom? War es eine Sache der Mode? Spielte man in den späten Fünfzigern und frühen Sechzigern die richtige Musik, um Kinder zu zeugen? Haben Gummibaum und Nierentisch ein Klima geschaffen, in dem es sich besser rammeln ließ? Lag es an den schwingenden Petticoats, den Pferdeschwänzen und dem LOVE ME TENDER eines Elvis the Pelvis? Oder haben die Leute damals Kinder geworfen wie die Karnickel, weil sie einfach nicht aufgeklärt waren?

Aber eigentlich scheidet Dummheit als Ursache aus, denn wirklich aufgeklärt waren die Leute auch vorher nicht. Verhütungsmittel und Familienplanung waren ja auch vor dem Zweiten Weltkrieg ein Fremdwort – und trotzdem war Deutschland nie so gebärfreudig wie um 1960.

Lag es an der allgemeinen Aufbruchsstimmung des Wirtschaftswunders? Oder schafften der Maiglöckchenduft, die sexy Parolen von Konrad Adenauer, der Käseigel, der Motorroller und der weltmännische Toast Hawaii tatsächlich die stimulierende erotische Atmosphäre, die Deutschland so dringend brauchte?

Ich glaube schon, denn ab den späten fünfziger Jahren standen die Zeichen auf Idylle: Berg- und Heimatfilme, Einbauküche, Italienurlaub, der kleine VW-Käfer, die Mutti in der Schürze, die die Treppe noch auf allen vieren nach Hausfrauenart scheuert – und vor allem der starke Mann im Haus! Ein Vati mit Aktentasche und Thermoskanne, der im grauen Anzug ins Büro fährt und pünktlich Feierabend macht. Es war eine heile Welt! Selbst Romy wollte noch Sissi sein.

Diese Träume spiegelten sich natürlich auch in den weiblichen Idealen wunderschöner Hollywooddiven wider: Liz Taylor, Marilyn Monroe, Grace Kelly, Sophia Loren, Gina Lollobrigida, Tippi Hedren, Vivien Leigh ... Alles, was wir noch heute unter einem Glamourstar verstehen, wurde damals als Image kreiert.

All das sind auch unsere Wurzeln, all das haben unsere Mütter uns auch noch mit in die Wiege gelegt. Im Vergleich dazu setzen wir unsere eigenen Kinder heute doch in eine äußerst entzauberte und vor allem kalte Welt. Kann es sein, dass dieses rauere Klima dazu beitrug, dass der Babyboom Anfang der Siebziger mit dem Pillenknick ein Ende nahm? Seit 1972 ist den Deutschen statistisch gesehen jedenfalls die Lust am Kinderkriegen ziemlich vergangen.

Stattdessen heißt es jetzt plötzlich: »Deutschland stirbt aus!« Haben wir etwa eine Welt geschaffen, die wir den eigenen Nachkommen nicht zumuten wollen? Oder sind wir einfach nur zu egozentrisch, um uns für eine Großfamilie aufzuopfern? Hat die »Familienplanung«, ein Begriff, der in den Siebzigern aufkam, sich selbst torpediert?

Niemand wird bestreiten, dass ausgerechnet die fünf Jahrzehnte, die wir durchlebt haben, alles, aber auch alles zu bieten hatten: Staaten wurden wieder aufgebaut, Regime brachen zusammen, eine Mauer wurde errichtet und wieder eingerissen, ein Eiserner Vorhang kam und ging, eine Globalisierung kam und blieb, ein Kalter Krieg ließ uns zittern und demonstrieren.

Und als wir selber flügge wurden, hat man uns gewarnt, gewarnt vor Männern, Liebe, Abhängigkeit und Romantik. »Das ganze Idyll taugt nichts, Mädels, ihr müsst selber wie die Kerle werden!«, hieß die Botschaft. Und gleichzeitig drückte man uns die Barbie-Puppe in die Hand!

Ja, die Sechziger! War das ein turbulentes Jahrzehnt! Ich sage nur: Mondlandung, John F. Kennedy und Jackie Onassis, Martin Luther King … Alle, die toll waren, wurden am Ende erschossen, einschließlich John Lennon. Dann Mauerbau, Woodstock, Prager Frühling, Beatles, Rolling Stones und wir kleinen Hosenscheißer mitten in der Kulturrevolution!

Die Frauen in diesem Jahrzehnt klangen schon anders als die Idole unserer Mütter. Da war die wortgewaltige Aretha Franklin, die von »Respect« sang, da war Janis Joplin, da war die stolze Barbara Streisand! Und auch wenn wir als Schulkinder noch nicht selbst mitgemischt haben, den Geist von Hippie und Kommune, von BHs verbrennen, Drogen und »sexueller Selbstbestimmung«, von Pille und »Wer zweimal mit dem Gleichen pennt«, den haben wir auch schon hautnah mitgekriegt. Statt Klaus Havenstein, Schneider Wibbel, Sandmännchen, Pittiplatsch und Schnatterinchen hörten wir auf einmal Oswalt Kolle zu.

Spätestens in den Siebzigern waren wir dann selbst mittendrin im Geschehen. Wir haben demonstriert, heimlich die Pille genommen, Willy Brandt bei seinem Kniefall bewundert, wir haben uns über das Ende des Vietnamkriegs gefreut und in den Fußgängerzonen Bhagwan-Anhängern zugehört. Deutschland war Fußballweltmeister – und jagte zur gleichen Zeit seine Terroristen.

Aber das war alles nur nebensächlich. Wichtiger ist, dass es das Jahrzehnt der Frauenbewegung war, unserer Frauenbewegung! 1971 wurde es einer Frau (nämlich Wibke Bruhns) erstmals gestattet, die Abendnachrichten zu verlesen – welch ein Skandal! Vorher war man der Meinung, Frauen und seriöse Politik, das passt einfach optisch nicht zusammen. Und wer Nachrichten vorlesen und in der Politik mitmischen durfte, der konnte bald auch nicht mehr schuldig geschieden werden, sondern nur noch »zerrüttet«! Wenn das kein Fortschritt für die Romantik war.

Romy Schneider wurde dann ja auch ganz zickig und hat geschrien: »Ich will nicht mehr Sissi sein, und übrigens, ich habe abgetrieben!« Woraufhin Senta Berger, Vera Tschechowa, Veruschka von Lehndorff, Hanne Wieder, Sabine Sinjen und 368 andere gleich mit in den Chor einstimmten!

Im Kino sahen wir damals den »Schulmädchen-Report« und die »Rocky Horror Picture Show« – alles mit echten Nackten! Aus heutiger Sicht klingt das harmlos, aber schon das zeigt, welch schleichende Entzauberung und Desillusionierung uns geprägt hat.

Gott sei Dank gab es aber auch John Travolta und »Saturday Night Fever«! Mich jedenfalls hat die Disco-Ära nicht nur für alles entlohnt, sondern mit ihrer Musik bis heute durch mein Leben getragen. Die Disco-Diven der Siebziger und Achtziger – Gloria Gaynor mit »I Will Survive«, »Y. M. C. A.« der Village People, Diana Ross and the Supremes, Donna Summer und Motown, die Bee Gees, Shirley Bassey, Eartha Kitt, »Cabaret« mit Liza Minnelli und alle großen Musical-Filme … welch ein genialer Maßstab für die Entwicklung guten Musikgeschmacks! Musik als Zuflucht, Musik als Heimat und schützendes Schild, Musik als Therapie und Kraftquell – thank you for the Music, Abba, thank you for my life!

Zum Kinderkriegen haben Blumenröcke, Latzhosen, Koteletten, Schlaghosen und Flokati-Teppiche, in denen tonnenweise Essensreste, Haare und Kondome verschwanden, trotzdem nicht animiert. Oder waren es der Mittelscheitel mit den langen, hängenden Haaren und die frei schwingenden Brüste mit ohne BH, die das Fluchtverhalten der Männer stärker machten als ihren Zeugungstrieb? Und als dann in den Achtzigern Aids und Aerobic, Tschernobyl, Waldsterben und Vokuhila hinzukamen, verging der Menschheit offenbar restlos die Lust, Kinder in diese Welt zu setzen.

Stattdessen haben wir uns mit unserem neuen Spielzeug vergnügt: mit dem Kopierer, dem Overhead-Projektor, dem Walkman, dem CD-Player und dem Fax! Anrufbeantworter! Eine neue Dimension für das Balzverhalten paarungswilliger Großstädter. Wir mussten nicht mehr das ganze Wochenende zu Hause bleiben und neben der Wählscheibe schmoren, nur um den Anruf unseres Herzensprinzen nicht zu verpassen. Und Notlügen wie »Ich hab doch angerufen, aber du warst ja nie da!« wurde endgültig der Riegel vorgeschoben. Außerdem halfen plötzlich diese komischen neuen privaten Fernsehsender »RTL plus« und »Sat.1« über die ersten Anflüge von Ehekrisen und Sexflauten hinweg. Am Ende telefonierten wir nach Hause mit dem Außerirdischen E. T., und Steven Spielberg übernahm für unsere Kinder die Rolle der Gebrüder Grimm.

Aber das war noch nicht alles: Das Jahrzehnt der Schulterpolster, der Lederkrawatten, der Karottenhosen, der »Dornenvögel«, der »Fackeln im Sturm«, der Dallas-Denver-Diese-Drombuschs-Serien, der Schimanski-Tatorte und Miami-Vice-Verfolgungsjagden, der Nena-, Trio-, Madonna- und Michael-Jackson-Konzerte, ja, dieses Jahrzehnt steuerte direkt auf die Umwälzungen in Osteuropa zu, auf Glasnost und Perestroika!

Die friedliche Revolution '89 – und dann natürlich der Mauerfall! Jetzt hieß es, die Zauberwürfel zur Seite legen, die Ärmel des karierten Sakkos hochkrempeln, die neonfarbenen Leggings stramm ziehen, gegen die kaputte Dauerwelle etwas unternehmen, den Dialekt unterdrücken und – die andere Hälfte des Landes endlich kennenlernen! Ost meets West – genauso schräg, wie wenn Nord auf Süd trifft. Unsere Freunde in der Ostzone blieben für uns Mauerkinder nicht mehr länger virtuell.

Gut, dass uns mittlerweile nicht mehr viel erschüttern

konnte, kein Dialekt, keine Mode, keine bräunliche Zweiraumwohnung mit Linolboden, Kachelofen, Cordcouch und Durchreiche für die Soljanka. Denn was jetzt kam, war das Jahrzehnt der Talkshows und Enthüllungen: die Neunziger! Monica Lewinsky und ihr verräterischer Fleck auf dem Kleid, Lady Di und ihre Fernsehbeichte mit schwarzem Kajal, Prinz Charles' Tampon-Phantasien und seine Lebensmätresse und spätere Ehefrau Camilla – ja, wir wollten plötzlich alles ganz genau wissen!

So ist das eben, wenn man die Früchte der eigenen Emanzipation auch noch ernten darf. Da ließen sich die eigenen Töchter mit 14 Jahren ein Arschgeweih stechen und zogen blank auf der Love Parade – und wir als fortschrittliche Mütter und Tanten konnten nicht mal was dagegen sagen. Denn eine Generation, die gepredigt hatte: »Mein Bauch gehört mir«, die muss die Klappe halten, wenn die Tochter sagt: »Meine Titten gehören mir.«

Doch die größte Retourkutsche sollte die Babyboomer einholen wie ein Tsunami: Denn aus den Töchtern der Feministinnen wurden Girlies, die sich für Diddl-Mäuse und Tamagotchis, Mein kleines Pony und Prinzessin Sophie begeisterten. Von der Schultüte bis zum Abitur: Zwischen rosa Pferden, Prinzessinnenkitsch und Tüllrüschen bahnte sich im Kinderzimmer ein Elend an, das in Form von Paris Hilton schließlich zur Naturkatastrophe wurde. Und lesbische Patchwork-Familien-Muttis mit Bürstenschnitt, Ökoschuhen und Männersakko fragten ihren Therapeuten verzweifelt: »Was haben wir bloß falsch gemacht?«

Und jetzt? In der Nacht zum neuen Jahrtausend ist die

Welt jedenfalls nicht – wie von *Bild* angekündigt – untergangen, mal wieder nicht, muss man ja fast sagen. Aber seitdem sind aus den koffergroßen Mobiltelefonen kleine Smartphones geworden, und wir, die mittlerweile ü-vierzigjährigen Frauen, lernten E-Mails zu schreiben, am Laptop selber unsere Flugtickets zu kaufen und auszudrucken, Kinderklamotten für zwei Euro bei eBay zu ersteigern, Männer online aus Partnerbörsen auszufiltern, mit dem Fuß aufzustampfen, wenn die Mikrowelle das Mittagessen nicht schnell genug erhitzt. Und zusätzlich haben wir auch noch den sogenannten SMS-Daumen entwickelt, mit dem wir unsere Affären vor-, nach- und aufarbeiten. Sind wir Mutanten? Denn wir machen das ja alles, während wir rückwärts einparken!

Unser iPhone ist unsere neue erogene Zone, Liebschaften und Vorspiel finden über den Laptop statt, und indem wir mehrere Netzadressen im Browser speichern, sind wir mit unseren Favoriten wie durch eine Nabelschnur immer in Kontakt. Und Hausfrauen, die über Facebook neue Affären einfädeln, online einkaufen, an der Börse per Mausklick Aktienpakete verschieben, ihre Kinder per GPS und Skype überwachen, sind mittlerweile nicht mehr die Ausnahme, sondern die Regel!

Die Sache hat aber nicht nur Vorteile: Modernste Telekommunikationsmittel machen es so leicht wie nie zuvor, sich gegenseitig zu belügen, zu betrügen, zu hintergehen und zu bescheißen. Wer heute noch bei seiner Affäre erwischt wird, muss wirklich ein Vollidiot sein. Nur Trottel kommen noch mit Kussmund am Revers und blonden Haaren auf dem Jackett heim. Harte Zeiten für Frauen mit Kontrollzwang. Völlig aussichtslos, den Kerlen auf die Schliche zu kommen. Da muss man sie schon beschatten lassen. Denn in Berlin sitzen und ins Handy flöten: »Schatzi, ich bin heut in Hannover«, das gehört ja fast schon zum guten Ton, wenn Männer hinfortstreben! Wer damit als Frau nicht rechnet, der führt eine Ehe, die sich bereits in der Abwicklungsphase befindet.

Allerdings haben nicht nur die Männer nun die Möglichkeit, uns mit weniger als 160 Zeichen wieder abzuservieren. Es geht auch umgekehrt. Denn wir Frauen können mittlerweile nicht nur E-Mail-Accounts hacken, Bundeskanzlerin werden, in den Krieg ziehen, Düsenjets steuern, Kriminalhauptkommissarin sein, Männer verhaften und verurteilen – wir dürfen sogar als Kronprinzessin den eigenen Fitnesstrainer heiraten.

Großbritannien hat die erste Queen aus der Arbeiterklasse vorzuweisen und auf dem Thron des spanischen Königshauses sitzt bald eine geschiedene TV-Modaratorin. Was hat den erzkonservativen Traditionalisten also der Schmalspurhorizont und das Klammern an die Vergangenheit gebracht? Nun – dass die überlebenden, regierenden Monarchien dem gesamten Standesdünkel von vorgestern ein Schnippchen geschlagen haben. Da hat der englische Thron doch mal eben der festgefahrenen Aristokratie, die den Verlust ihrer Ansprüche bitter zu beklagen hat, den Stinkefinger gezeigt.

Um sich mit einer zukünftigen Queen aus dem Volke, wie auch all die anderen Monarchien, Respekt und Rückhalt des Volkes gesichert, denn eben dieses Volk hat dem zukünftigen Monarchen seine Prinzessin beschert. So überleben Dynastien heute! Wer an der Macht steht, macht es vor – und bremst damit das borniertes Gedankengut der ewig Gestrigen aus. Wer da aus Standesdünkel noch eine Ehe geschlossen hat, die den Stammbaum »richtig« aussehen lässt, hat sich selbst bei den Verlierern einsortiert.

Ja, das alles können Blondinen heute.

Und genau mit diesem »Sex and the City«-Feeling wachsen die eigenen Enkel oder Kinder auf – wie wir ehemals mit der bezaubernden Jeannie! Die Idole unserer Töchter sind angezogen wie Schlampen, freuen sich über Oralsexwitze wie wir einst über ein Eis am Stiel und zitieren auf dem Schulhof statt des »Erlkönigs« von Goethe Sinnsprüche von Carrie Bradshaw und Samantha Jones: »Ich habe mit ihm gevögelt. Ich bin sechs Mal gekommen. Mehr muss ich von ihm nicht wissen.« Oder: »Ich suche nicht die große Liebe, ich suche große Schwänze.« Solche Unterhaltungen haben voll und ganz den Flötenunterricht und das Aufsagen von Schillers »Glocke« ersetzt.

Und ich spreche jetzt von den behüteten Mittelstandstöchtern. Die schauen ja mit der emanzipierten Mami gemeinsam fern: »Desperate Housewives« zum Beispiel, oder »Germany's Next Topmodel« mit Heidi Klum. Natürlich nur als unheilvolle Warnung, um am lebenden Beispiel vorzuführen, wie man bitte bloß nicht werden darf ...

Unsere Söhne spielen derweil »Doom 3« oder »Call of Duty«, sind virtueller Hexenmeister bei »World of Warcraft«, leben in einem Paralleluniversum auf »Second Life«, bewundern heimlich Dieter Bohlen und rappen mit Bushido, während sie auf Facebook gleichzeitig mit ihren 3000 besten Freunden chatten. Willkommen im Land der Dichter und Denker am Beginn des 21. Jahrhunderts. Wer will zu solchen Texten schon Kinder zeugen?

WELCHE ZIELGRUPPE BIN ICH –
UND WENN JA, FRESS ICH EINEN BESEN!

»Altes Eisen«, so nannte man bis vor ein paar Jahren abfällig die Arbeitnehmer über fünfzig, unvermittelbar, fertig zum Ausrangieren, auf dem Abstellgleis geparkt. Die können im Turbotempo des Arbeitsmarktes nicht mehr mithalten, hieß es. Wer 50+ war, durfte ja quasi dankbar sein, überhaupt noch mit seiner überflüssigen Werktätigkeit ein bisschen Bruttosozialprodukt erwirtschaften zu dürfen.

Aber, wie sag ich so gerne, Hochmut kommt vor dem Fall. Denn die geforderte Verschiebung des Rentenalters auf 67 würde unser Sozialsystem demnach mit rund 17 Millionen Menschen belasten, denen 17 Jahre Leerlauf drohen, bis sie überhaupt zum Rentenstatus gelangen. Ja, das hat Desi ausgerechnet.

Was soll der Käse, kann man da nur sagen? Der Bundesregierung wäre es doch am liebsten, wenn wir alle brav in die Rentenkasse einzahlen und dann vorzeitig aus den Latschen kippen würden. Dann kassiert der Gesetzgeber nämlich mächtig ab.

Was heißt das jetzt für uns Frauen? Ganz einfach: Lassen Sie sich niemals einreden, Sie könnten nicht mehr mithalten. Nur weil Sie vielleicht noch nicht bloggen und twittern, heißt das nicht, dass Sie einer 25-jährigen Berufsanfängerin nicht einen gigantischen Sack voll Können und Erfahrungen voraushaben! Alles, was wir mitgemacht haben, unsere Erfolge und Rückschläge, unsere Familienauszeiten und Auslandsaufenthalte, ja sogar die Pflege unserer Eltern oder Großeltern – das hat unsere Soft Skills geschärft! Und damit auch unseren Wert für den Arbeitsmarkt erhöht!

Mittlerweile sind Sie so hochqualifiziert, dass es fast egal ist, wo Sie in den kommenden zwei Jahrzehnten noch arbeiten wollen. Sie könnten nämlich vermutlich so ziemlich alles: von gehobenem Personal-Management über nachhaltige Entwicklungshilfe bis zur Eröffnung eines Blumenladens an der Ecke.

Und es gibt viele Beispiele von Frauen, die erst nach ihrem fünfzigsten Geburtstag richtig durchgestartet sind. Coco Chanel zum Beispiel hat noch mit über siebzig in Paris mit ihrer Kollektion ihre Comeback gefeiert. Klar, Coco war einmalig, aber es gibt auch noch Leni Riefenstahl, die mit 71 tauchen lernte und noch mit 94 Unterwasserfilme drehte, oder Jane Fonda, die in die Politik ging. Oder Tania Blixen, die erst mit über fünfzig zu schreiben begann und sich mit »Out of Africa« ihr literarisches Denkmal setzte.

Kreativität und Engagement haben nichts mit Jugend zu tun – im Gegenteil. Oft muss man erst etliche Zickzackwege im Leben gegangen sein, um mit 50+ noch mal ganz neue Prioritäten zu setzen.

Also: Werden Sie mutig, trauen Sie sich, lange gehegte Träume und Ideen endlich beruflich anzugehen – wer sollte Sie denn jetzt noch abhalten? Mit Ihren Lebenserfahrungen stecken Sie jeden schnöseligen Banker und jeden klugscheißenden Unternehmensberater locker in die Tasche. Sie dürfen sich nur nicht kleiner machen, als Sie sind – bloß weil Sie vielleicht nicht ganz so schnell und wichtigtuerisch wie diese Kerle auf Ihrem Netbook rumtippen können.

Überhaupt das Netz, Mädels. Ich lese ja viele Statistiken, auch zu diesem Thema. Und da sind wir Frauen 50+ immer die Problemzone der Digitalgesellschaft. Weil sich viele von uns immer noch nicht reintrauen, ins große, böse, weite WWW. Das wird den Söhnen, Männern oder Enkelinnen überlassen. Ein folgenreicher Fehler! Nicht, weil alles da draußen im Netz so wahnsinnig großartig und interessant ist, aber wer sich selbst hinstellt und für zu blöd erklärt, um YouTube zu verstehen – also einen Videokanal, den schon Dreijährige bedienen können –, der macht sich unnötig klein und alt. Es ist ignorant, die virtuelle Welt als Teufelszeug zu verachten. Mit einer Gabel kann man sich theoretisch auch die Augen ausstechen – umso wichtiger, dass man sie für ihre Zwecke und zum eigenen Vorteil anzuwenden gelernt hat.

Für alle, die den Videorecorder noch vom Fachhandwerker programmieren lassen: Lasst es euch erklären und mischt mit. Die gewonnene freie Zeit für Computerfortbildungskurse zu nutzen, das ist alles andere als virtuell. Da gibt es Tausende Foren, auf denen ihr euch austauschen könnt. Und es warten auch noch viele, viele Wikipedia-Einträge darauf, von klugen Frauen verbessert zu werden.

Allein schon um der Rezepte und Kochtipps willen … Hausfrauenforen, Kartoffelsalatgeheimtippseiten, Fleckenentfernerfibeln, offene Beine – einfach mal versuchen reinzusurfen! Keine Sorge, Junkies werdet ihr bestimmt nicht mehr. Und Bingo spielen, Schach oder Puzzle, das geht dann auch um vier Uhr früh ohne einen quengeligen Partner.

Apropos Dunkel der Nacht: Nur wenige wissen ja, was in der Nacht zu unserem fünfzigsten Geburtstag wirklich passiert ist. Da sind wir nämlich alle kollektiv IRRELEVANT geworden. Angeblich will uns ja nach 49 kein Schwein mehr was verkaufen. Wir fallen am Tag unseres fünfzigsten Geburtstags laut Marktforschung aus der werberelevanten Zielgruppe der 14- bis 49-Jährigen raus. So, wie wir nach dem 31. Geburtstag 32 wurden, nach dem 42. Geburtstag 43, nach dem 48. Geburtstag 49, so fällt angeblich nach Ablauf dieser fünfzigjährigen Gnadenfrist über Nacht der Vorhang. Wissen zumindest klugscheißende Marketingstrategen. Wer zum fünften Mal nullt, überschreitet eine magische Grenze. Das Fallbeil kracht in der letzten Nacht des 49. Lebensjahres auf unser Genick. Und unsere Henker sind getarnt als Werbefuzzies.

Das ist wie der Schritt in die Unterwelt. Ab in den Hades. Dort lauern schon die Götter Wampe, Doppelkinn, Tränensack, Hamsterbacke, Rettungsring, Rollstuhl und Siechtum. Wer fünfzig wird, kriegt Beileidsbekundungen. Er muss Stellung beziehen und sich eine pfiffige Antwort einfallen lassen, wenn es heißt: »Du nullst ja bald, das gibt aber 'ne ordentliche Feier, was?« Niemand darf so tun, als wäre nichts. Gästeliste und Überraschungsparty sind ja wohl das Mindeste.

Im Grunde ist der fünfzigste Geburtstag nur der Beginn eines weiteren routinemäßigen Lebensjahres. Und doch steht er für den endgültigen Abschied von Post-Jugend, Post-Adoleszenz, Midlife, Fitness und Entschuldbarkeit durch jugendliche Unwissenheit.

Das Gemeine im Unterschied zum vierzigsten Geburtstag ist: Es ist zwar äußerlich ein Geburtstag wie jeder andere auch, aber gesellschaftlich eben doch nicht. Denn danach ist man als Zielgruppe tot. Der Grund: Fünfzig ist nicht alt – aber es hört sich verdammt alt an.

Es steht für die Ära der grauen Anzüge, Festschmäuse, Ehrennadeln, der öden Reden, des Kegelclubs und des Bilanzziehens. Das klingt alles nach freudloser Altherrenwelt – und genau das ist der Punkt für die Programmplaner. Dass wir womöglich sogar SEHR WERBERELEVANT sind, ist bei den Senderchefs offenbar noch nicht angekommen. Dass Babyboomer die meiste Kohle verdienen und daher folglich auch das meiste Geld ausgeben, ist das größte Geheimnis der Wirtschaftswelt. Und Menopause-Muttis kaufen nicht nur für sich selbst ein, sondern für alle anderen in ihrer Familie auch: Sie sind im Shoppingwahn.

Sie zücken das Portemonnaie für Haushalt, Mann, Kinder und Enkel. Ja, wir sind universale Shopper. Sogar am PC – wenn man, siehe oben, brav seinen Computerkurs gemacht hat. Ein »Must« – allein schon wegen eBay und Amazon.

Und wenn man davon ausgeht, dass eine Frau heutzutage ab 50+ ihren besten und konsumfreudigsten Jahren entgegenschreitet, dann wird klar, dass die weltfremde Werbebranche einen folgenschweren Fehler macht. Die MM's als die weltweit stärkste Shoppingmacht haben nämlich auch noch ihre Männer im Schlepptau. Denn alte 50+-Säcke haben nicht nur eine Menge Kohle, sondern endlich auch mal alle Zeit der Welt zum Einkaufen. Und die dafür sehr förderliche Langeweile. Ja, gutsituierte Männer ü-fünfzig haben Nachholbedarf und Lust auf Konsum!

Und solange die Kerle noch so fit sind, dass sie mit der Hand bis an ihr Portemonnaie kommen, wollen sie haben, haben, haben: Technik, Mode, Unterhaltung, Tourismus, Theater, Literatur, Prostata-Pillen, Gastronomie, Möbel, Bücher, Wein, Viagra, Medikamente, Schmuck, Champagner, Luxusprodukte … Einfach alles wird konsumiert. Es ist völlig unstrittig, dass die Käufer von flotten Porsches, teuren Ferraris, schicken Aston Martins, coolen Maseratis und aufgemotzten Harleys die Best Ager sind.

Besonders brauchen wir aber Kosmetika. Parfums, Operationen, Unterwäsche, volles Haar, strahlenden Teint, Cremes für Hals, Dekolleté, Füße, Hände, Augen und und und … Man müsste uns in den Drogerie-Filialen eigentlich den roten Teppich ausrollen. Die 50+-Kundschaft ist mit mehreren Milliarden Mitgliedern die wichtigste Zielgruppe der Welt!

Da sollte doch jedem ignoranten Werbefuzzi der Arsch auf Grundeis gehen. Was heißt hier irrelevant? Das, was wir nicht haben wollen, hat überhaupt keine Chance am Markt. Da könnt ihr einpacken. Den Laden dicht machen. Wartet nur, bis wir unsere Särge selbst aussuchen!

Wir haben die Macht. Wenn das anders ist, fress ich einen Besen!

GEWIDMET DEN MM'S –
DEN MUTTIS IN DER MENOPAUSE

MUTTIS IN DER MENOPAUSE I –
STERIL BY NATURE

Wenn statistisch gesehen die Babyboomer bei einem Bevölkerungsanteil von circa 24 Prozent liegen, dann versiegt bei schätzungsweise 10 Millionen Deutschen derzeit oder in Kürze die Fruchtbarkeit!*

Sterilisation hausgemacht direkt von Mutter Natur. Es ist ja auch besser so. Denn der Rhythmus und die Mobilität, die Kleinkinder fordern und brauchen, gehen bei XXL-Spätgebärenden über das hinaus, was ein Körper hergibt.

Manche von uns kriegen aber mit ü-vierzig nicht Kinder, sondern schon Enkel. Und werden garantiert für die Mutti gehalten, wenn sie als frischgebackene Omama so ein kleines, niedliches Bündel in den Armen wiegen.

Zu gerne würde auch ich in Babysprache und mit diesem harmlosen Ich-bin-deine-liebe-alte-Oma-Grinsen anstimmen: »Gutschigutschigutschigu … wenn du erst mal so ein alter Knacker oder so eine olle Schrippe bist wie ich, dann

---

* http://www.destatis.de/bevoelkerungspyramide

wird es nicht mehr nur zwanzig Millionen alte Säcke geben, sondern vierzig! Das sind keine guten Aussichten, mein süßes Babylein, denn du musst für die ganzen alten Schachteln und ihre dementen Opapis später mal die Rente zahlen ...«

Zig Millionen Babyboom-Rentner sollen von ihren durchschnittlich 1,3 Nachkommen ernährt werden? Ich glaube, wir werden als Greise nicht viel zu lachen haben.

Lassen wir uns also mit dem Altern noch gehörig Zeit und schieben es erst mal auf die lange Bank. Wir sind ein Land voller Muttis in der Menopause und stimmen in den allgemeinen Kanon an! Prinzipiell können wir uns freuen, denn noch um 1900 ist die Hälfte der Frauen gestorben, bevor sie überhaupt die Wechseljahre erreicht hatten. Unsere stolzen 50er standen für ein biblisches Alter.

Die Zeitspanne, die uns heute nach der Menopause noch erwartet, wird durch die um ein Vielfaches gesteigerte Lebenserwartung länger und länger. Wir müssen hinnehmen, dass wir als Frauen nur noch ein Drittel unseres Lebens fruchtbar sind. Den Großteil unserer Zeit in Sterilität verbringen zu müssen hatten wir nicht auf dem Plan, keiner hat uns darauf vorbereitet. Und viele Frauen leben noch heute in dem Glauben, als unfruchtbare Frau gar nichts wert zu sein: »Ach, ich bin doch für die Männer gar nicht mehr im Beuteschema, wer will denn schon was von Frauen meines Alters, die Männer nehmen sich doch lieber eine 25-Jährige!« Wie oft habe ich solche Sätze schon von deprimierten Frauen in der Midlife Crisis hören müssen!

Die Evolution hat uns ganz einfach überrollt. Wer unsterblich sein oder den Löffel erst vierzig Jahre nach der Menopause abgeben will, der muss sich eben für seine Autobiographie noch ein paar Kunstgriffe einfallen lassen. Aber die Anpassung dieses Lebensbogens an unsere Psyche ist pikanterweise noch nicht erfolgt. Wissenschaft und Technologien ermöglichen zwar nach allen Regeln der Kunst, dass wir uns für quasi unsterblich halten – aber was die spirituellen Antworten für diese gewonnene Lebenszeit betrifft, kann ich nur sagen: Da hat noch gar keiner die richtigen Fragen gestellt!

Die von Mutter Natur verordnete Menopause zwingt unabdingbar zum Durchforsten der inneren Landschaften. Daher liebäugelt eine Kundin in den Wechseljahren natürlich gerne mit Esoterik, New-Age-Philosophien und hausgemachtem Buddhismus in allen Varianten. Ob es leuchtende Kieselspringbrunnen in der Wohnstube oder glatte Steine zur haptischen Beruhigung sind, man lotet und pendelt die Zukunft aus, was das Zeug hält. Alles, um Antworten zu finden auf die unbewusste Frage: Wie soll es mit mir weitergehen?

Aber was soll das ganze Meditieren, wenn sich der gleiche Effekt auch nach zwei Gläsern Rotwein einstellt? Überhaupt baut mein Körper Substanzen jeglicher Art viel langsamer ab. Bei mir ist nur noch Verlass auf körpereigene Sekrete. In der Menopause erübrigen sich Drogen ja sowieso komplett, denn es ergibt sich der gleiche Effekt, wenn man frühmorgens nur schnell genug aufsteht. Gefällt mir gut.

Ja, die Menopause rüttelt an unseren Werten. Wer sich belügt, wird beim Blick in den Spiegel feststellen: Mein Lächeln sitzt nicht!

Wer sich der Transformation aber stellt, schreitet neuen Horizonten entgegen. Das Leben wird ungeahnte Geschenke bereithalten, wenn wir die Aufgabe bewältigen, die Herausforderungen dieses neuen Lebensabschnittes anzunehmen. Nicht auf das fokussieren, was verlorengeht, sondern auf das fokussieren, was wir gefunden haben ... und sich die Zeit nehmen, die letzten Defizite, die wir verspüren, endlich auszugleichen. Welch ein Geschenk von Mutter Natur, dass wir nicht gleich in die Grube fahren! Früher wäre es das jetzt für uns gewesen.

Heute können wir die bevorstehende zweite Lebenshälfte nutzen, um neue Stärken zu finden und liebgewordene Schwächen zu ignorieren. Mit fünfzig entspannt auf dem Zenit zu verharren und die Freuden der Jugend in Anspruch zu nehmen – das wird mit achtzig nicht mehr möglich sein. In der Mitte des Lebens angelangt, sind wir gereift durch die Reise, die hinter uns liegt, und steuern dank unserer Erfahrungen unser Lebensschiff selbstbewusst in die Zukunft. Ein Kapitän ist nur, wer auch bei Sturm die Segel zu setzen weiß.

Alt bin ich erst an dem Tag, an dem ein Kind im Bus für mich aufsteht. Aber dann sind Hitzewallungen, Stimmungsschwankungen, Schlafstörungen, Schweißausbrüche und Pigmentflecken bereits überwunden.

Sosehr wir späten Mädchen auch die Errungenschaften unserer Zeit nutzen – wenn einmal der Countdown unserer biologischen Uhr begonnen hat, ist der Prozess der Wechseljahre nicht mehr aufzuhalten. Es wird sich keine Tür auftun, die einen Fluchtweg bietet. Wir müssen da alle durch.

Das ist dasselbe wie damals beim Kinderkriegen. Sind die Wehen erst mal eingeleitet, wird das Kind schon rauskommen – egal wie. Aufstehen und davonlaufen scheidet aus. Mit unseren ersten unregelmäßigen Perioden werden wir quasi in die Bettenschleuse katapultiert – auf zum nächsten bestialischen Kraftakt, den das Frausein uns abverlangt.

Auch hier haben wir den Männern etwas voraus, denn die Natur hat uns über die Jahrhunderte robust gemacht: Neun Kinder bei der Kartoffelernte in der Ackerfurche verloren, das war als Rollenbild für eine Frau vorgesehen. Und noch heute erfolgt die Versorgung der Naht beim Dammriss ohne Betäubung. So was macht hart.

Und wer sich als Mann mit den Muttis in der Menopause nicht arrangiert, für den gibt es ein böses Erwachen. Die Statistik überrascht da mit einer unerwarteten Zahl: Die Welt ist nämlich nachweislich voll von Männern um die fünfzig, die zuerst von ihrem Unternehmen und dann auch von der Ehefrau »abgewickelt« wurden. Das sind Männer, die sich verkriechen und ihre Wunden lecken und die im öffentlichen Bewusstsein gar nicht in Erscheinung treten. Die Scheidungszahlen in der Gruppe der Fünfzigjährigen schnellen jedenfalls dramatisch in die Höhe, seit die Babyboomer die Wechseljahre erreicht haben.

Frauen trennen sich von Männern neuerdings in der Mitte des Lebens, wenn sie es satthaben. In einer Versorgungsehe verharren wie noch unsere eigenen Mütter, dieses Programm ist vorbei. Wir haben Qualifikationen, Optionen und Informationen. Wir sind Fremdbestimmung und männliche Dominanz einfach leid, wenn wir neben Karriere und

Kindererziehung noch Geliebte, Putzfrau, Haushälterin, Bügelfachkraft, Krankenschwester und Buchhalterin sein sollen. Wir haben jahrelang die Hauptlast getragen – und in der goldenen Ära zwischen vierzig und sechzig setzen wir den Rotstift an. Weil wir von der Sehnsucht gepackt werden, unser Leben so zu leben, wie es uns gefällt. Das einzige Hindernis, das uns im Weg steht, ist dann nur noch der Ehemann.

Ein anderer großer Prozentsatz von Frauen bleibt zwar verheiratet, aber nicht, weil die Ehe alle Erwartungen erfüllt hat, sondern nur aus Dünkel und Gewohnheit. Man ist dann eben doch zu bequem, um aus eigener Kraft ein Leben in Eigenverantwortung zu stemmen.

Aber egal, in welchem Look wir aufmarschieren, wir stehen als Mutti in der Menopause vor einer neuen Ära in unserem Leben. Vor vielen von uns liegt ein Riesenabgrund. Wer ein Leben lang alle persönlichen Entscheidungen dem Navi überlassen hat, wird lernen müssen, selbst zu denken. Klar, dass das Angst macht.

Nichts zu befürchten haben all jene, die ohnehin immer großzügig die Herausforderungen des Lebens umarmt haben. Wer nie gekniffen hat, wer seinen Mann gestanden, wer sich nie in Tyrannei verbissen, sondern an dem Notfall-Fahrplan, den er Glück nennt, entlanggehangelt hat, der wird befreit von der Geißel seiner Monatsblutung zu neuer Reife gelangen!

Betrachten Sie die Menopause nicht als Ende Ihrer Weiblichkeit, sondern als Anfang Ihrer Vollendung als feminines Wesen. Verlorengegangen ist gar nichts, sondern Sie werden persönlich bereichert! Setzen Sie sich nicht zur Ruhe, sondern betrachten Sie die neue Epoche als gemächliches Schlendern durch ein Terrain, das Sie kraft Ihrer Talente und Ihrer Arbeit erobert haben, durch eine Landschaft, die Sie veredelt und geschaffen haben, ein Areal, das allen Witterungen standgehalten hat und das Ihnen untertan ist.

Es ist IHR Boden unter den Füßen, auf dem Sie stehen. Seien Sie stolz darauf – nicht nur auf die Fünfzig, sondern auch auf jedes neue + dahinter. Ein Plus an Wissen, ein Plus an Erfahrung, ein Plus an Weisheit, ein Plus an Entscheidungskraft, an Souveränität und Einfluss. Wer seine Ideale und Ziele umgesetzt hat oder noch daran arbeitet, für den wird mit 50+ alles greifbar. Viel mehr, als man in jungen Jahren je für möglich gehalten hätte. Wenn auch die Fassade bröckelt, egal, das kann neu verputzt werden. Entscheidend ist die Substanz des Lebensgebäudes, das wir errichtet haben. Die Zeit der Täuschungen sollte in der Mitte des Lebens auf jeden Fall vorbei sein. Damit werden selbst Enttäuschungen zum Gewinn. Seien Sie froh, dass man Ihnen nichts mehr vormachen kann. Wir wissen Bescheid. Voll und ganz. Dafür steht das +.

Neurotiker bauen sich Luftschlösser, Psychopathen ziehen dort ein – und Muttis putzen sie. Aber nicht mehr nach der Menopause!

PAPIS IN DER MENOPAUSE

Vielleicht nehmen Männer sich an ihrem fünfzigsten Geburtstag sogar viel härter ins Visier als die Frauen. Denn ein Mann, der bis zu diesem Stichtag nichts erreicht hat, dem schwimmen nun die Felle davon. Worauf soll er verweisen, wenn nicht deutlich sichtbare, äußere Erfolge als persönliche Visitenkarte vorgelegt werden können?

Ab fünfzig wird es für Männer, die nicht auf der Überholspur gelandet sind, karrieretechnisch nämlich richtig eng. Auf allen Ebenen in der Männerwelt findet bereits der Generationswechsel statt. Nur im kreativen Bereich sind noch Spielwiesen für die jungen Alten eingerichtet, aber da muss man schon das Genie raushängen lassen, um als »Altvorderer« geduldet zu werden. In der Wirtschaft und der Wissenschaft rücken den Fünfzigern ganz brutal die jungen, fitten, modern Ausgebildeten auf die Pelle und verdrängen jeden, der nicht wirklich ersetzbar erscheint. Die Wechseljahre nagen auch an den Papis.

Ja, Männer in der Menopause haben durchaus ihr Päckchen zu tragen. Man sollte ihnen gegenüber Milde und Nachsicht walten lassen. Denn sie sind einfach nicht sie selbst. Oft sind sie gar nicht Herr ihrer Sinne. Und sie merken ja auch erst, dass sie in den Wechseljahren sind, wenn es zu spät ist! Dass die Menopause ihnen über die Schulter schielt, fällt ihnen erst auf, wenn sie nachts schweißgebadet vom schlimmsten aller Alpträume hochschrecken:

Der Schwanz rostet und die Eier fallen ab.

So weit muss es kommen, bis ein Mann sich sagt: »Mit mir stimmt etwas nicht!« Im Grunde ist dieser Alptraum für einen Mann das Einzige, was ihn mobilisiert. Gut, mag man denken, endlich kommt der Typ mal zum Nachdenken – doch weit gefehlt: Denn was machen Männer, wenn sie aktiv werden? Genau: Sie rufen ein paar Freunde an und trinken ein Bier. Und dabei schließen sie einen heimlichen Pakt, der sie alle eint: Es ist die gemeinsame Sorge um ihre Kronjuwelen.

Es ist natürlich das Unterbewusstsein, das sich da Bahn bricht und den Männern im Tiefschlaf die gerechte Strafe verpasst, die sie verdient haben. Denn die Typen wissen genau, welche Spur der Verwüstung sie im Leben ihrer Verflossenen hinterlassen haben – wie sie unsere Herzen gebrochen und uns enttäuscht haben! Im stillen Kämmerlein rechnen sie damit, dass ihre Vergehen irgendwann gesühnt werden. Und welche Folter könnte größer sein als die der Entmannung? Nach außen hin tun die Typen natürlich protzig kund, man könne sie moralisch nicht zur Verantwortung ziehen, sie seien schließlich schwanzgesteuert. Und damit müssten wir gefälligst klarkommen.

Wenn Sie jemals gefürchtet haben, dass Männer Probleme kreieren, dann müssen Sie erst mal die Lösungswege sehen, mit denen sie in der zweiten Lebenshälfte den schleichenden Abbau ihrer Potenz verleugnen. Der Schwanz rückt immer mehr in den Mittelpunkt. Wenngleich auch die Kurve der Testosteronzufuhr sinkt, so wird dem »kleinen Lümmel« doch umso mehr Aufmerksamkeit beigemessen. Die Kerle machen spätestens ab Mitte vierzig auf dicke Hose.

Männer gehen ja auch nie fremd. Sie schlafen mit anderen Frauen immer nur »ein bisschen«, während in ihren Augen Frauen ein Leben lang auf dem schmalen Grat zwischen »Schlampe« und »losem Luder« balancieren. Und Männer tun alles, damit wir nicht von dieser Spur abkommen. Frauen mögen einen Orgasmus simulieren, Männer simulieren ganze Beziehungen! Und am Schluss ist immer eigentlich gar nichts gewesen.

Wenn Männer nun in ihrer Lebensmitte erschüttert werden und es ihnen an die Männlichkeit geht, dann schlagen sie natürlich zurück. Sie akzeptieren vielleicht noch, dass auch sie in den Wechseljahren sind, und haben eventuell sogar hier und da schon mal von der Midlife Crisis gehört. Aber Männer liefern das Kontrastprogramm zu den Muttis in der Menopause. Die Kerle scheren sich einen Dreck darum. Sie daten Frauen, die halb so alt sind wie sie, und handeln damit sogar ganz legal. Ein Mann um die fünfzig wertet es als Erfolgserlebnis, wenn ihn die Polizei in seinem schicken Sportflitzer anhält und er ermahnt wird, das Tempo zu drosseln. Depressionen kriegt ein alter Sack erst, wenn derartige Empfehlungen von seinem Hausarzt kommen. Viele erfolgreiche Männer sind ab fünfzig auf dem Zenit angelangt und verteidigen ihre Position für die nächsten 15 Jahre. Klar zahlen sie dafür ihren Preis: Sie werden verfolgt von diesen jungen Dingern, die einen Sugar Daddy suchen! Und diese Frauen aus der Abteilung »Mein Job ist der Mann« werden nichts auslassen, um die Kraft seiner Lenden zu reanimieren.

Männer in der Midlife Crisis auf der Überholspur, und das ist wirklich gemein, fühlen sich blen-dend! Denen geht es groß-ar-tig! Denn der Erfolg, für den sie ihre Seele, Haus und Hof verraten haben, der muss ja wohl gebührend im Kreise Gleichgesinnter gefeiert werden. Da jettet man um den Erdball, lässt die Korken von der Magnum knallen, macht auf Milliardär und bezahlt andere dafür, das sie die Drecksarbeit machen. Diese Erfolgstypen über 50+ sind so verdammt gut drauf, dass man als überhitzte, aufgeschwemmte Mutti mit Wasser in den Beinen nur stundenlang kreischen möchte.

Mein volles Mitgefühl gilt jenen Hausfrauen an der Seite eines solchen dominanten Platzhirschen, der die Mutti gut geparkt hat und stattdessen jetzt mit einer Dreißigjährigen eine flotte Zweitfamilie plant. Auf in ein neues Leben in zellulitisfreier Zone. Meistens ist »die Neue« eine nicht ganz ungebildete, ziemlich durchschnittliche, sehr freche, selbstbewusste und fordernde junge Kollegin, die Haare auf den Zähnen hat und die eigene Tochter sein könnte. Wenn ein alter Sack sich so was gönnt, klopfen ihm die Kumpels auf die Schulter und beneiden und gratulieren zum wohlverdienten Erfolg an allen Fronten. Eine neue Schlacht geschlagen, und zwar die gegen die Ex-Frau ...

Der Frau gegenüber wird in der Gesellschaft Mitgefühl geheuchelt. Sie ist dann eben »nicht mitgewachsen« und hat sich »nicht weiterentwickelt« mit dem Erfolg. Worüber soll ein Mann, der die Welt erobert hat, auch mit einer Hausfrau reden, die Marmelade einkocht und sich freut, wenn das Huhn Eier gelegt hat oder der Pflaumenbaum wieder Früchte trägt? Eher werden Hausfrauen für Karrierefrauen verlassen, als dass ein Mann einer Hausfrau erliegt, weil sie das Parkett so tadellos gewienert hat. Noch nie ist ein Mann abends heimgekommen und hat gesagt: »Hut ab, wie diese Kacheln in der Küche wieder glänzen! Los, du kleine Schlampe, leg dich hin, ich muss dich hier und jetzt auf diesem schlierenfreien Meister-Proper-Boden flachlegen!«

Nur die Intelligentesten unter uns wissen, dass Faltenfreiheit im Herzen der einzig wahre Jungbrunnen ist. Alt ist man erst, wenn man im Schaukelstuhl sitzt und keine Kraft mehr hat, ihn in Schwung zu bringen. Und irgendwann kommt dieser Tag auch für Papi!

MENOPAUSE II –
DAS PHÄNOMEN MANN

Der Mann als solcher ist bequem. Man beobachtet es immer wieder. Männer hängen an alten Gewohnheiten und scheuen Veränderungen. Wie sie sich aber aufführen, wenn sie in der Lebensmitte mit ihren Mängeln und Defiziten konfrontiert werden, muss man erst mal verstehen lernen. Männer mögen Kriegspiloten sein, Ölplattformen bauen, außen am Empire State Building hängen und die Fenster putzen, auf Polopferden übers Eis galoppieren oder gleich die Welt regieren – trotzdem wissen sie nicht, was Mut ist. Mut ist nämlich, beim Gynäkologen einen Entbindungstermin zu bekommen und ihn einzuhalten. So was fordert die Natur von Männern nicht ein.

Männer bauen ihr Leben auf einige wenige Strukturen und bleiben den Gewohnheiten, mit denen sie einmal Erfolg gehabt haben, immer treu. Man halte sich vor Augen, wie wenig Klamotten ein Mann im Vergleich zu uns Frauen benötigt, um tadellos durchs Leben zu gehen: Jeans, einen dunklen Anzug, etwas Sportliches für die Freizeit, ein paar

Hemden und drei Sakkos. Diese Mode ändert sich nie. Ein Mann kann wirklich mit einem einzigen Koffer in der Hand die Welt erobern, es würde niemanden stören. Männer kaufen eine Ladung Socken und Boxershorts, und dann ist das Thema Kleidung jahrelang von der Festplatte verschwunden. Und sie fühlen sich ja auch erst so richtig wohl, wenn sie genauso gekleidet sind wie all die anderen! Welch demütigendes Spektakel dagegen, wenn sich Frauen im gleichen Outfit begegnen. Ein Skandal für jede Zicke, die was auf sich hält! Ein Schicksalsschlag im Leben einer Frau, das Gleiche anzuhaben wie »die da«! Missgeschicke wie diese gehören zu den Tiefschlägen des Lebens.

Auf Männer hingegen wirkt es beruhigend, einer von vielen zu sein und nicht aus dem Rahmen zu fallen. »Der da drüben hat das Gleiche an, dann wird es schon richtig sein.« So denken Männer. Klar, denn sie brauchen jeden Funken Energie, um sich auf einem ganz anderen Niveau mit ihren Artgenossen zu messen.

Wir müssen das Phänomen Mann begreifen lernen: Männer sind Beuteltiere. Unübersehbar. Sie tragen die Geschlechtsorgane außen, somit werden sie stets an das, was sie in der Hose haben, erinnert. Und müssen außerdem mühsam lernen, im Alltag ihr Gemächt auszubalancieren, ohne darüber zu stolpern. Leider gelingt dies selten. Wie gehandicapt Männer rein anatomisch schon mal sind, lässt sich hervorragend studieren, wenn man unauffällig am Strand nichts als den Mann und das Meer beobachtet.

Ich liebe es, dabei zu sein, wenn Männer am Meer nackt aus dem Wasser kommen und eine Riesenshow am Strand abziehen, um ihr Gemächt zu rearrangieren. Mit Badehose ist es noch dramatischer, denn da verfängt sich der Zwickel in ihrer Kimme und das nasse Polyesterdreieck muss erst mal kompliziert aus den anatomischen Engpässen gepult werden. Ja, an schönen Sommertagen einfach im Strandkorb zu sitzen und zu beobachten, was für einen Veitstanz die Kerle abziehen, um ein Seil und zwei Glocken so auszubalancieren, dass sie halbwegs aufrecht gehen können, das ist für mich ganz großes Kino. Und die Typen bücken sich dann auch noch breitbeinig nach dem Handtuch, rubbeln ihre Regionen ab wie ein eigenwillig ungestümes Areal, das ihnen selbst nicht ganz geheuer und kaum unter Kontrolle zu bringen ist.

Und es geht ja gar nicht nur um den Penis. Das ganze Drumherum führt ein störrisches Eigenleben und wird im Laufe der Jahre auch nicht unbedingt attraktiver. Wenn man mal beobachtet, welche Verrenkungen nötig sind, bis das gesamte Gemächt, bestehend aus drei Teilen, getrocknet, platziert und weggepackt ist, dann ist es aus mit dem Mysterium. Und Männer werden ja auch in konstanter Regelmäßigkeit wieder an das erinnert, was sie da als Päckchen mit sich herumtragen. Da genügt der Kaffee im Büro oder eine Maß Bier, und das Spektakel geht von vorne los.

Und was sich abspielt, wenn Männer sich an diesen Gruppentrögen versammeln, um sie als Pissbecken zu nutzen … Da steht dann eine Riege im Nadelstreifenanzug und pult unter Reißverschluss, Knopfleiste und Feinripp erst mal den Lümmel hervor, um im Kreise der Artgenossen in irgendein Loch zu treffen. Gekleckert wird dabei immer.

Urinale sind auch nicht besser. Sie wirken auf mich so grotesk wie aufgesperrte Münder. Was Männer prinzipiell mit ihrem Organ am Hals haben: Tagein, tagaus sind die Kerle damit gestraft, ihre Kronjuwelen gewissenhaft zu verwalten. Und das schon im asexuellen Zustand. Das macht sie zu Nervenwracks.

Deshalb packen sie ihr Ding auch bereits wieder ein, obwohl der Penis beim Pinkeln sagt:»Moment, ich hätte da noch etwas übrig!«Bis zum Ende ihrer Tage werden Männer nicht gelernt haben, ihren Dödel zu kontrollieren – obwohl sie ihn doch schon vom ersten Tag an haben. Sie sind doch damit auf die Welt gekommen! Wir Frauen torkeln ja auch nicht vom Übergewicht der eigenen Milchdrüsen dominiert durchs Leben. Dabei haben diese sogar noch circa 13 Jahre später das Licht der Welt erblickt als wir selbst. Aber wir haben uns an sie gewöhnt und sie unauffällig und beiläufig in den Alltag integriert. Wir erheben unsere Möpse nicht permanent zum Drama!

Aber genau das tun Männer mit ihrem primären Geschlechtsorgan. Es muss immer im Mittelpunkt stehen. Schwanzgesteuert bis zum Umfallen. Männer errichten sogar penisartige Denkmäler. Sie bauen Obelisken, Wolkenkratzer, Boeings, Raketen, Zigarren, Colaflaschen – was fällt den Kerlen eigentlich ein? Man kann ja auch ein bisschen low profile sein und den Ball flach halten.

Frauen sind längst nicht so besessen von ihrer Vagina wie Männer von ihrem Penis. Frauen kämen auch nie auf den Gedanken, die Größe ihrer Klitoris auszumessen und dies als Charaktermerkmal gegeneinander auszuspielen. Männer haben dagegen mysteriöse Initiationsriten, die sie kollektiv absolvieren. Sie messen ihrem göttlichen Zauberstab magische Kräfte bei. Sie wollen damit die Welt regieren. Und suchen ein Leben lang nach einer Anleitung dafür. Wäre es umgekehrt möglich, dass Frauen per Größe und Dicke ihrer Schamlippen die Welt regieren, dann gäbe es längst Kurse dafür.

Wir kommen hier auf ein heikles Thema zu sprechen, und ich möchte es vertiefen. Denn seit neuestem haben Gynäkologen eine neue Geldquelle aufgetan. Wenn all diesen Frauen, deren einziger natürlicher Körperteil nur noch der Ellenbogen ist, gar nichts mehr einfällt, wenn also der Schönheitschirurg einmal rundum die Ruine saniert hat, dann lassen sich die Ladys als i-Tüpfelchen nun noch die Labien (lat. äußere Schamlippen) liften, verkleinern, wegnähen, stutzen, mit der Zickzackschere trimmen, was weiß ich, was es alles gibt. Überall bekommt man jetzt in den Wartezimmern diese rosa Flyer in die Hand gedrückt, die dazu animieren, untenrum mal ästhetisch nach dem Rechten zu sehen. Auch von innerer Mösenstraffung habe ich schon gehört. Und zwar im Öffentlich-Rechtlichen Zweiten Deutschen Fernsehen. Zur besten Sendezeit natürlich. Damit unsere Kinder in dem Glauben aufwachsen, zum gepflegten Erscheinungsbild gehöre nicht nur ein typgerechter Haarschnitt, sondern auch eine vom Topstylisten abgesegnete Vagina.

Was sind das für Auswüchse in Sachen Jugendlichkeitswahn? Habt ihr denn keine anderen Probleme? Was sagen die Piercingstudios dazu? Wo soll denn der Intimschmuck

eingetackert werden, wenn ihr die Hautlappen wegschnei-
det? Was wird denn aus der Liebe und Romantik, wenn ein
Kerl im Augenblick der Intimität, wo er vielleicht mal eine
Perspektive erheischt, bei der sich ihm die Lustgrotte dar-
bietet wie ein heiliger Gral, abbricht und sagt:»Nee, das ist
mir nüscht. Zu lange Lappen, nicht mein Ding. Tschüssi-
kowski, du alte Hippe – geh erst mal zum Schneider.«

Wenn selbst dem so ist, dann möchte ich doch (wo wir
hier gerade die Schönheiten der Natur erörtern) mal darauf
hinweisen, dass ein alter nackter Mann ästhetisch eine
ebenso bittere Pille ist wie eine alte nackte Frau. Wenn nicht
schlimmer. Kommt ganz drauf an. Was man da in Sauna
und an FKK-Stränden so erleben muss. Da fragt man sich
doch, woher nehmen die Kerle eigentlich die Frechheit, die
körperliche Attraktivität von Frauen mit der Lupe zu be-
spitzeln? Und dann noch zu sagen:»Ich habe mir was Jünge-
res, Knackigeres gesucht. Meine Alte bringt's nicht mehr.
Da hängt der Arsch.«

Warum dieser ewige Wettstreit unter den Kerlen? Warum
schwanzgesteuert den Hühnerstall aufscheuchen und möglichst immer und überall Samen verspritzen? Ein reifer
Mann ist imstande, Frauen im Handumdrehen seinen Penis
zu zeigen, nicht aber seinen Nachnamen und seinen Wohn-
ort zu nennen. Sind Männer beim Gemeinschaftsduschen
unter sich, dann fürchten sie dauernd, ihr bestes Stück
könne zu dünn, zu klein, zu kurz sein. Aber wenn sie einer
Frau habhaft werden, die sich zu einem Cocktail breitschla-
gen lässt, kann es ihnen nicht schnell genug gehen. Warum
bringt niemand den Kerlen bei, wie man seine primären Ge-

schlechtsorgane mit Feingefühl verwaltet? Männer machen aus ihrem Kontostand ein weitaus größeres Geheimnis als aus ihrem Gemächt. Und dieser Haltung bleiben sie treu, auch im Alter. Sie können sich dann nämlich nicht mehr umstellen. Und das nervt! Dieses ewige Getue um euer Ding! Wenn alles von der Erdoberfläche verschwinden würde, aber die Penisse würden bleiben – es wäre den Männern nur recht.

Und hier kommen wir noch mal zum Ausgangspunkt zurück: Je älter die Kerle werden, desto besessener werden sie von ihrem Schwanz. Die Potenz und deren Erhalt ist das Einzige, was noch Maßstab und Messlatte ist. Sie legen sich abends nach geschlagenen Büroschlachten, eingebrochenen Aktienkursen und Kleinkrieg am Herd ins Bett und sagen sich: »Na ja, wenigstens funktioniert mein Pimmel noch.«

Und wissen Sie was? Genau das erhält die Kerle am Leben. Daraus beziehen sie die Kraft, morgen früh wieder aufzustehen und weiterzumachen.

Aber im Alter, meine Herren, sind auch eure tapferen kleinen Kameraden keineswegs über die Regeln der zivilisierten Gesellschaft erhaben. Man muss euch jetzt immer öfter hinterherputzen! Der letzte Tropfen hängt in den Boxershorts und modert im Büro. Ihr kleckert. Und was ihr hinterlasst, gärt in der Sonne vor sich hin. Ich spreche hier von Typen in den besten Mannesjahren. Wie soll das erst werden, wenn ihr echte Blasenprobleme bekommt? Wenn die Prostata ruft: »Hallo, hier bin ich, mir tropft die Nase!«

Ende der Geschichte: Klappt die Brille gefälligst runter und zielt nicht auf den Rand. Es ist wirklich ekelhaft. Die harten Jahre kommen noch, und zwar wenn eure Eier richtig weichgekocht sind. Dann geht es nämlich ans Eingemachte in diesem wenige Quadratmeter großen Schreckenskabinett, das einem Paar als Nasszelle zur Verfügung steht. Und zwischen Bad und Schlafgemach spielt sich zu viel ab, als dass Paare sich dort nicht gegenseitig auf den Keks gehen würden. Manche Männer hinterlassen sogar die Toilette so, dass man sie eigentlich in die Wälder schicken sollte, um dort ihr Geschäft zu erledigen.

Und wissen Sie was? Ich halte das für eine gute Idee. Den meisten Männern, die ich kenne, würde es nicht mal viel ausmachen. Sie würden auch hier über kurz oder lang die praktischen Vorteile hervorkehren. Sollen sie doch an die Bäume pinkeln, sich den Hintern mit einem Blatt abwischen, ein Stück Schiefer an einem Felsen abschleifen und sich damit in einem spiegelnden See rasieren. Lasst die Kerle, die es nicht geschafft haben, ihr Ding unter Kontrolle zu bringen, in die Büsche kacken – denn dann können wir unser schönes, trockenes, sauberes, aseptisches Bad genießen, welches wir so zu hinterlassen pflegen, wie wir es vorzufinden wünschen!

Und wo wir schon beim Thema sind: Ihr Männer seid längst nicht so stark gebaut, wie ihr es gerne hättet, aber ihr seid auch nicht so mickrig und schwach, wie ihr befürchtet. Wenn wir euch lieben, ist uns das sowieso piepegal. O. K., wir tun euch den Gefallen und wischen euch hinterher; wir statten auch für all die Jahre, die erst noch kommen werden, die Männerurinale mit Klopapier und Dick-und-Durstig-Rollen aus und sagen uns, na gut, wir Frauen kriegen eben ein bisschen weniger ab und leben von dem, was an Klopapier für uns übrigbleibt.

Aber tut uns einen Gefallen und begreift endlich, dass die Welt nicht an eurer Penisspitze endet! Diese interessiert uns nur manchmal. Wie oft, das liegt an euch. Zur Not geht es auch ohne. Packt das Ding weg und lasst es in Ruhe seinen Lebensabend genießen. Der Dödel will auch mal Pause haben.

Wenn ich daran denke, was im Badezimmer auf uns Frauen im Alter zukommen wird, dann überlege ich mir ernsthaft, ob ich dann nicht die Gesellschaft von Frauen bevorzuge. Und wenn ich mir vor Augen halte, auf welches Niveau mich die Betrachtung des Alterns beim Manne wieder heruntergezogen hat, dann will ich gar nicht gleichberechtigt sein. Die Emanzipation war wirklich für die Katz – nein, ich will nicht gleich, sondern besser sein als ein Mann!

DER ROTE FADEN –
ABER WELCHER?

Ich glaube, die Tage, an denen man total vom prämenstruellen Syndrom (PMS) beherrscht wird, sind die einzigen, an denen wir Frauen total wir selbst sein dürfen. Aber woher weiß ich eigentlich, ob ich noch prämenstruelles oder schon menopausales Syndrom (MPS) habe? Wo ist da die Grenze? Jahrzehntelang mussten wir Frauen uns anhören, dass wir durchdrehen und hysterisch sind, kurz bevor wir unsere Periode bekommen – und plötzlich behaupten alle, wir drehen durch, weil wir in die Wechseljahre kommen.

Meine größte Sorge ist ja, dass ich gar nicht PMS habe, sondern dass dies meine wirkliche Persönlichkeit ist!

O. K., die Message ist angekommen: Die Periode ist in unserem Leben der rote Faden. Da ist ja auch viel Wahres dran, denn in rhythmischer Regelmäßigkeit werden wir von Mutter Natur daran erinnert, dass wir mit uns selbst zurechtkommen müssen. Und letztlich immer alleingelassen sind. Woher sollen Frauen bitte schön ihr Selbstbewusstsein nehmen, wenn bereits die Natur uns demütigt? Glauben Sie etwa, man kommt sich toll vor, wenn man auf einer öffentlichen Toilette über der Kloschüssel hockt, mit einer Papphülse und einem Faden herumfummelt, die Reithaltung einnimmt und sich abmüht – nur damit am Ende ein kleiner blauer Faden aus einem heraushängt? Ich weiß nicht, wie es anderen Frauen geht, aber ich laufe immer mit dem Gefühl herum, ich sei ein Hampelmann. Wenn jetzt einer käme und an mir zöge, dann würden sich meine Arme heben und senken.

Ich glaube ja, das ist Taktik. Denn das Zeug, was man uns andreht, um das Menstruationsblut aufzusaugen, funktioniert auch nicht immer, wie es sollte. Manchmal sickert das Blut doch durch und die Leute merken es und rücken ab. Sie machen ihre Kinder auf uns aufmerksam und zeigen mit Fingern auf uns. Aber das Gemeinste, was sich die Industrie ausgedacht hat, sind diese Binden mit den Klebestreifen. Das ist ein Racheakt von perversen Männern an der Spezies Frau. Wir müssen durch dieses Produkt alles sühnen, was böse Mütter ihren Jungs in deren Kindheit angetan haben. Denn wenn man einen einzigen falschen Schritt tut, verschiebt sich die Einlage – und es kann passieren, dass sie sich dabei an ein Schamhaar klettet.

Es gibt nichts Schlimmeres, als wenn ein It-Girl im schicken Hosenanzug über die Straße stolziert, sein Haar schüttelt, die Tasche schwenkt – während sich die Schamhaare im Klebestreifen verhaken! Die Augen treten aus dem Kopf. Das Luder will sich schaben und sofort den Schlüpfer runterziehen, auf offener Straße die Einlage korrigieren, aber nein, wir Frauen müssen weiter, unser Bus kommt. Was soll man auch sagen, wenn man angehumpelt kommt, mit zusammengepressten Lippen und hochrotem Kopf? Soll man sagen: »Sorry, mein Schamhaar klebt fest«?

Die Regelblutung hält uns ein Leben lang klein. Sie ist eine Geißel der Menschheit. Wir spielen verrückt, wenn die Tage kommen, wir sind in Panik, wenn die Tage da sind, wir drehen am Rad, wenn die Tage ausbleiben – wenn sie sich aber für immer abmelden und versiegen, geraten wir in Dauerhysterie.

Jetzt weiß ich auch, warum die Leute im Alter alle nach Florida oder Mallorca umsiedeln wollen: Da merkt keiner den Unterschied zwischen einer Hitzewelle und einer Heißwetterfront. Da kann man sich immer rausreden und sagen: »Puuhhh, die Hitze!« Jeder wird einem beipflichten.

Es ist mir auch völlig gleich, welche Symptome uns als sogenannte Wechseljahresbeschwerden angedreht werden, denn das alles erscheint mir eigentlich nur wie die nächste große Verarschung der Medizin. Es sind die gleichen Zipperlein, die sogar die fittesten Männer haben, wenn sie unter Stress stehen. Nur dass man plötzlich, so ab Mitte vierzig, diese Unpässlichkeiten bei Frauen »menopausale Beschwerden« nennt. Vorher nannte man sie: vegetative Dystonie – oder im Volksmund: Hysterie.

Kleine Kostprobe gefällig?

Bitte sehr, wählen Sie à la carte vom großen Büfett der menopausalen Beschwerden und begeben Sie sich auf die Berg- und Talfahrt unterhaltsamer Wechseljahresqualen. Stellen Sie sich Ihre eigenen Symptome zusammen und nehmen Sie Platz auf dem MPS-Karussell:

1. Hitzewellen, Hautrötungen, Schweißausbrüche, Schüttelfrost, kalter Schweiß
2. Herzrasen, Herzrhythmusstörungen
3. Konzentrationsschwächen, Vergesslichkeit
4. Stimmungsschwankungen, Tränenausbrüche
5. Schlaflosigkeit ohne Hitzewellen und Schweißausbrüche, innere Unruhe
6. Unregelmäßige Perioden, starke Blutungen, verschleppte Blutungen, Phantomblutungen, längere Zyklen, kürzere Zyklen, Überflutungen
7. Verlust der Libido
8. Vaginale Trockenheit
9. Müdigkeitsattacken, Schlappheit, Antriebsschwäche, Burn-out-Syndrom
10. Angst und Unsicherheit, Nervosität
11. Depressionen, Selbstzweifel, Schockstarre
12. Desorientierung, Vergesslichkeit, geistige Umnachtung
13. Amnesie, Gedächtnisverlust
14. Inkontinenz, Beckenbodenerschlaffung
15. Juckreiz, allergische Reaktionen, Ekzeme
16. Gelenkschmerzen, Gliederschmerzen
17. Muskelversteifung, Sehnenverkürzung, Knochendeformationen
18. Brustempfindlichkeit, Brusterschlaffung
19. Migräneanfälle
20. Magenschleimhautentzündungen, Blähungen, Verdauungsschwierigkeiten, Durchfall
21. Wasseransammlungen, geschwollene Beine, Krampfadern

22. Noch mal Depressionen, stärkere halt
23. Allergien, Neurodermitis
24. Gewichtszunahme
25. Zunehmende Hautbehaarung, Haarausfall von Kopf bis Fuß, Damenbart
26. Schwindelgefühle, Übelkeit, Gleichgewichtsstörungen
27. Veränderungen der Körperausdünstungen, Schweißfüße, Schweißhände
28. Elektrolytverlust
29. Tinnitus
30. Parodontose, Zahnfleischbluten
31. Trockenheitsgefühl im Mund, Mundgeruch
32. Osteoporose
33. Brüchige Nägel, Verhornung der Nägel, splitternde Nägel
34. Verschlimmerung aller oben genannten Symptome

Das Tourette-Syndrom fehlt sicher in der Liste. Finden die bestimmt noch heraus. Muss noch erforscht werden. Werde morgen eine Kontrollgruppe anberaumen, die meine These untermauert.

Man könnte dieses Unterhaltungsprogramm, das Mutter Natur für uns Frauen designed hat, auch »konstantes PMS« nennen. Wenn ich vor meiner Periode von Stimmungsschwankungen beherrscht war, wo ist da der Unterschied, wenn ich während der Menopause emotional labil bin? Und sollten diese verdammten Wechseljahresbeschwerden dann endlich vorbei sein, gibt es angeblich für uns Frauen sowieso nichts mehr zu lachen.

Ist denn unser Leben als Frau nichts als ein einziger gigantischer Katzenjammer? Was also habe ich in den nächsten Jahren zu erwarten? Worauf muss ich mich einstellen? Werden diese Symptome heimlich nachts wie die Plagen der Menschheit unter meine Decke kriechen und mein Leben beherrschen? Wird mein rechtes Schienbein so jucken, dass ich es blutig kratzen muss? Und wenn ich mein Kind mit ü-vierzig bekommen habe, was passiert dann? Stille ich noch, während ich schon zum tickenden Hormonmonster werde? Korrigiere ich Schularbeiten, während mir ein Bart wächst? Wird aus Mutti automatisch Arafat, wenn sie eine Spätgebärende ist? Und was ist los, wenn die Kinder pubertieren und die Mütter nicht mehr menstruieren? Machen die Kinder Abitur, während den Müttern die Scheide juckt?

Und wenn ich Schweißausbrüche habe und nervöser bin als sonst, gleichzeitig dabei aber auch noch müde, ausgetrocknet, unkonzentriert und aufgeschwemmt, wie verhalte ich mich dann im öffentlichen Straßenverkehr? Zum Beispiel beim Einparken? Wäre es denkbar, dass ich mit unrasierten Beinen und Mundgeruch schwitzend wie ein Schwein meinen Einkaufswagen aus dem Supermarkt manövriere, mein Auto suche, weil ich mich nicht im Geringsten erinnern kann, wo ich es abgestellt habe, geschweige denn wie es aussah, und schlagartig mit Blähungen und Wasser in den Beinen von vier fremden, jungen, kräftigen, türkischen Männern angepöbelt werde, die sich an meinem Auto zu schaffen machen, türknallend einsteigen und davonbrausen wollen? Ich würde sofort in einem Anfall von

99

Panik meine mit Tranquilizern und Feuchtigkeitscremes gefüllten Tüten abwerfen, meinen Revolver aus der Manteltasche ziehen und mit trockenem Mund, aber schriller Stimme kreischen:

»Ich habe nicht nur eine Pistole, ich weiß auch, wie man sie benutzt! Geben Sie sofort den Wagen frei, das ist mein Auto!«

Klar, dass die Ganoven keine zweite Ermahnung bräuchten und schnurstracks die Flucht ergreifen würden. Natürlich würde ich mich aber trotzdem nicht als Heldin fühlen, sondern im Zuge der allgemeinen Depression und meiner konstanten inneren Unruhe zitternd wie Espenlaub den Wagen beladen und mich auf den Fahrersitz fallen lassen. Und jeder wird wohl Verständnis dafür haben, dass ich desorientiert und nervös wäre, während ich versuchen würde, den Schlüssel in das Zündschloss zu stecken, und daran scheitere. Dass da ein Fußball, leere McDonald's-Schachteln, eine Frisbeescheibe, zerrissene Stadtpläne, alte Zeitungen, leere Wasserflaschen und abgenagte Eisstiele den Vordersitz blockieren, würde mir in dem Zustand sicher gar nicht auffallen. Das alles ist im Leben einer Mutter ja Standard.

Aber weil ich vielleicht wegen meiner Blasenschwäche dringend meine Notdurft zu verrichten hätte, würde ich plötzlich hinausstürzen, um mich unkontrolliert und von einer Hitzewelle überrollt hinter die Parkzone zu schleichen, in der letzten Reihe des Parkplatzes in die Büsche zu hocken und mit scharfem Strahl zügig vor mich hinzupullern ... Bis mich ein Geistesblitz trifft! Ja, da steht er: Mein X5 in Silbergrau. Richtig, jetzt fällt mir mein Kennzeichen wieder ein. Mist, verdammte Kacke. Da hab ich mich wohl eben vertan.

So ein verfluchter Scheißdreck, dass aber auch alle neuerdings dieselben silbergrauen BMWs fahren müssen. Aber verantwortungsvoll wie ich nun mal bin, würde ich selbstredend auch in einer solchen Krise dieses fatale Missverständnis aufklären und trotz Herzrasens alle Tüten mit meinen Hormonprodukten umladen und direkt zur nächsten Polizeistation fahren, um mich selbst anzuzeigen. Das wäre mir lieber als Entmündigung.

Dort träfe ich dann wahrscheinlich auf vier kreidebleiche Teenager, die schneller gewesen waren als ich und als Opfer meiner MENOPAUSALEN ATTACKE gerade unter Eid pflichtbewusst die Personenbeschreibung zu Protokoll geben würden:

Gesucht wird eine rüstige Amokläuferin mittleren Alters, mit hängenden Brüsten, Pigmentstörungen im Gesicht, roten Flecken am Hals, eher klein als groß, mit Brille, weißem Bürstenhaarschnitt, Osteoarthritis, hochgebundenem Nachthemd unter einem Bademantel und bequemen beigen Gesundheitsschuhen, keine Strümpfe, den Gürtel des Bademantels hinter sich herschleifend. Besondere Merkmale: Hautschuppen und Besenreißer an den Beinen.

»Nicht schuldig aufgrund menopausaler Umstände«, würde man sagen. Man würde mich laufen lassen.

Und ich würde weinen vor Glück! Mein Tag wäre gerettet! Die Welt würde mich lieben und Verständnis zeigen. »Mildernde Umstände wegen Wechseljahrsymptomen!« Diese Klausel sollte man ins Grundgesetz aufnehmen.

Trotzdem würde ich mein Zuhause nicht ohne eine weitere Panikattacke erreichen: Kann es sein, dass ich von dieser ganzen Bande, die mich angezeigt hat, heute Nacht aus Rache überfallen und in einem feuchten Betonkeller vergewaltigt werde? Was dann? Wo ich doch vergessen habe, meine Vaginalsalbe nachzukaufen!

MENO-MUTTIS AMBULANTE
ERSTVERSORGUNG BEI AKUTER PTM

Theoretisch haben wir heute in der Mitte des Lebens die Möglichkeit, die gesamte Biographie einer Frau innerhalb einer Woche zu absolvieren: Wir können Mutter und Oma zur selben Zeit werden, wir können Babys stillen, während unsere »Großen« schon den Führerschein machen, und gleichzeitig bei unseren Freundinnen mitreden, wenn's um Hitzewellen geht.

Ich genieße die Vorteile dieser Lebensphase: keine Unterleibskrämpfe mehr, keine nächtlichen Fressattacken drei Tage vor der Periode, keine Angst vor unerwünschter Schwangerschaft und keine Angst vor einem Malheur im weißen Sommerkleid. Hitzewellen beispielsweise kenne ich gar nicht. Es fühlt sich für mich eher an, als würde das ewige Kind in mir mit Streichhölzern spielen.

Schlaflosigkeit sehe ich als ideales Zeitfenster, um endlich mal Shakespeare und die Bibel zu lesen. Oder ich lasse bei Kerzenschein und meiner Lieblingsmusik sanft meine Gedanken spielen und sehe mir Lifestyle-Bilderbücher an.

Dagegen ist der ein oder andere Nervenzusammenbruch doch eine Fingerübung.

Auch der Hautalterung beuge ich vor: einfach immer weiter essen, bis sich die Falten auffüllen. Das Fett, was sich an den falschen Stellen ansammelt, kann man ja irgendwann absaugen lassen ... Entdecken Sie Ihre Möglichkeiten: entweder runzelig und dünn oder proper, prall und pummelig. Wir haben die Wahl!

Selbst drohende Senilität hat ihre Vorzüge: Man kann seine eigenen Ostereier verstecken.

Alles Aussichten, die mir gut gefallen.

Das wirklich Ungerechte an der Menopause ist nur, dass sie bei jedem anders zuschlägt. Wer Pech hat oder einfach nur eine unglückliche Konstitution, vielleicht gar die Last seiner unausgetragenen Konflikte als erdrückend empfindet, den kann es bitter treffen. Ich für meinen Teil stehe da auf der Sonnenseite.

Aber ich bin nun auch nicht gerade der Normalfall, sondern eine Frau, die seit 25 Jahren komplett überarbeitet ist, stets übermüdet und ständig am Burn-out-Syndrom vorbeischrammt. Den Luxus derartiger Blockierungen kann ich mir schon deshalb nicht leisten, weil ich keinen habe, der meine Rechnungen zahlt. Bei mir fehlt, mit Verlaub, ganz einfach die Option, mich mit weiteren Malaisen und körperlichen Unpässlichkeiten zu belasten. Es sind keine Kapazitäten mehr da, um mir menopausale Beschwerden leisten zu können.

Wer springt ein? Wer schafft an? Nein, die nackte Existenzangst treibt mich voran. Und die Aussicht auf Lebensglück im Alter ist mein Motor!

Selbst wenn mich Anwandlungen von besonderer Nervosität übermannen, gibt es immer noch meine Tricks und
Kniffe aus 25 Jahren Erfahrung im Umgang mit Lampenfie-
ber. Bei uns Künstlerinnen ist ja das Leben auf Messers
Schneide mit außerordentlichen Belastungen und konstanter Überforderung praktisch der Normalfall.

Meno-Muttis sollten ihre eigenen bunten Pillen entdecken: M&M's, die als Pillencocktail in dramatischen Situationen Wunder wirken. Und so geht es: Die Meno-Mutti
füllt eine Tüte M&M's in einen dekorativen Glasbehälter
und befolgt folgende Anweisungen:

- Um Unterzuckerung vorzubeugen, schlucken Sie täglich
  regelmäßig ein BRAUNES M&M
- Beim Aufkommen roter Flecken am Hals schlucken Sie
  ein ROTES M&M
- Schlucken Sie ein GELBES M&M gegen Ihre
  Depressionen
- Das GRÜNE gegen Frustrationen
- Das GELBE gegen aufkommende Migräne
- Das BLAUE gegen Blähungen und
- wenn Sie alle Symptome gleichzeitig haben, nehmen Sie
  die ganze Tüte ein.

Dies ist insofern eine therapeutische Übung, als Sie damit
Milde gegen sich selbst walten lassen. In einem spirituellen
Akt praktizieren Sie Barmherzigkeit gegenüber den eigenen
Leibesbedürfnissen. Nehmen Sie Ihre Schwächen an, essen
Sie die Schokolade, nach der Ihnen gelüstet, denn Ent-

sagung ist in schwachen Momenten nicht tröstlich. Wollen wir uns eines Tages, wenn wir krumm und gebeugt auf der Ofenbank sitzen und es ans Sterben geht, eingestehen, dass wir uns in unseren schönsten Jahren jedes Stück Schokolade versagt haben?

Sagen Sie ja zu Ihren Schwachpunkten, lieben Sie sich so, wie Sie sind. Und wenn Sie Ihre PERSÖNLICHEN TROPI-SCHEN MOMENTE (PTM) haben, gönnen Sie sich das, wonach Ihr Körper schreit. Es geht jetzt nur um sofortige Befriedigung – und selbst die kann uns manchmal zu lange dauern.

Als Frau auf dem MPS-Vergnügungs-Karussell outen wir uns beispielsweise öffentlich, wenn wir uns mit der Menü-karte des 5-Sterne-Restaurants, in das wir von einem poten-tiellen Verehrer eingeladen wurden, hektisch Luft zufä-cheln. Um dann nach dem zweiten Glas Rotwein von bleischwerer Müdigkeit übermannt zu werden und uns nichts sehnlicher zu wünschen als den möglichst zeitnahen Abflug in unser Bett. Ein Glas zu viel kann plötzlich bedeu-ten, dass wir unter den Tisch rutschen. Früher wären wir an diesem Punkt höchstwahrscheinlich unter dem Gastgeber gelandet.

Es ist für erfahrene Frauen in den späten Vierzigern wirk-lich schwierig auszuloten, ob die Stimmungsschwankungen nun dem langweiligen Gesprächspartner, dem späten prä-menstruellen Syndrom, den frühen menopausalen Be-schwerden oder dem Burn-out-Syndrom zuzuschreiben sind.

Ich glaube, es kommt in dieser Umstellungsphase einfach

alles zum Vorschein, was wir mit uns herumtragen. Auch dass wir jahrzehntelang so co-dependent und nett und liebenswert zu allen gewesen sind, immer freundlich und anpassungsfähig aufgetreten sind und den Erwartungen unseres sozialen Umfeldes voll und ganz entsprochen haben – das bricht sich jetzt alles Bahn.

Die ganzen Beschwerden und Symptome in der Menopause sind nichts anderes als ein Wake-up Call: Hört endlich auf, euer Leben für die anderen zu leben, lebt euer eigenes Leben. Gönnt euch die fette Currywurst und den Kartoffelbrei mit Sahne – denn wenn ihr jetzt nicht genießen könnt, wann dann?

Meine Vorstellung vom perfekten Glück war eigentlich immer sehr bescheiden: einen Maiskolben, eine heiße Ofenkartoffel und eine doppelte Portion Sour Cream mit dem Mann meines Herzens an einem der schönsten Strände der Welt zu teilen – für mich wäre es das Paradies!

Weniger kann mehr sein, wenn man nur Prioritäten setzt und sich von Ballast befreit.

Stattdessen wird einem erzählt, man sollte diese männlichen Hormone fressen. Ja, wer sind wir denn? Da weiß ich doch jetzt schon, dass eine solche Manipulation mein Hirn auf die Hälfte schrumpfen lässt.

Ich für meinen Teil habe beschlossen: Entweder kann ich die Wechseljahre ohne große Beschwerden durchstehen oder aber ich kann eine Diät machen – beides zugleich wäre Krisenprogramm! Es würde die genannten 34 Symptome alle gleichzeitig auslösen. Und wenn ich mich schon entscheiden muss, weiß ich, dass ich gegen die Menopause keine

Chance habe. Somit siegen mein NEIN zur Diät und mein JA zu den Wechseljahren.

Übrigens: Kalorien sind nichts weiter als harmlose kleine Tierchen, die nachts im Schrank heimlich unsere Kleidung enger nähen. Ungeziefer muss vernichtet werden!

DER GEMEINE GREIS IM VERKEHR

Ich habe mich immer als politisch sensible Person empfunden. Nicht korrekt, sensibel! Ja, mein soziopolitisches Gewissen hat die sittliche Reife entwickelt, gewisse Grenzen zu wahren. Man würde niemandem ins Gesicht sagen, dass er einen beschissenen Geschmack hat oder stinkt. Weder stecke ich Menschen in Schubladen, noch pflege ich Vorurteile. Ich beschimpfe kleine Menschen nicht als Zwerge und nenne Asiaten nicht Schlitzaugen. Allerdings ist es auch mein Recht auf Freiheit und Meinungsäußerung, wenn ich meine Überzeugungen vertrete.

Und wenn ich am Steuer sitze, sind alle anderen nun mal Arschlöcher!

Ich muss dazusagen, dass ich mir den Führerschein härter verdient habe als jeder andere. Ich habe ihn erst mit 45 Jahren und nach 120 Fahrstunden erhalten. Es hat ja allein schon zwei Unterrichtseinheiten gebraucht, mir zu erklären, wie man eine Straßenkarte wieder richtig zusammenfaltet. Auch am Navi bin ich lange Zeit gescheitert. Ich bin mit dieser Frau, die mich immer streng belehren wollte, überhaupt nicht klargekommen. Die hat ja sogar manchmal zu mir gesagt: »Nach zwei Kilometern halten Sie an, steigen aus und fragen nach der richtigen Richtung.« Nee, nee – ich hab mir jetzt einen Mann als Wegweiser einbauen lassen. Die Typen haben eben doch einen besseren Orientierungssinn.

Zugegeben, ich bin ein Nachzögling im Straßenverkehr. Aber nicht weil ich blöd bin. Ich habe nun mal immer in Metropolen an Verkehrsknotenpunkten gelebt, wo selbst die, die ein Auto haben, ihren Wagen lieber stehen lassen. Sagen wir mal im Herzen Berlins, im Herzen Londons, im Herzen von Paris. Die Hälfte meines Lebens konnte ich auf die Fahrerlaubnis gut und gerne verzichten, weil ich sie gar nicht nötig hatte. Als diese Phase vorbei war, habe ich dann so viel gearbeitet, dass ich täglich sowieso abgeholt, kutschiert, beruflich verfrachtet und versorgt wurde. Ich war mehr im Flieger als in Autos. Alle Taxigesellschaften in Berlin kennen mich. Als ich mir ein Auto gekauft habe, wurde die Taxiinnung von einem erdrutschartigen Umsatzeinbruch heimgesucht. Sprich: Ich war so viel auf Tournee, Geschäftsreise etc., dass ich das Ding mit den Fahrstunden einfach nicht durchziehen konnte. Aber seit ich mir dann meinem Sohn zuliebe einen Wagen angeschafft habe, bin ich nur noch auf der Überholspur.

Und niemand passt im Verkehr so gut auf wie ich. Ich setze zuverlässig meinen Blinker ein. Ich gebe Warnsignale mit der Hand. Zum Beispiel zeige ich den Vogel, wenn mich einer rechts überholt oder mir den Parkplatz klaut. Aber ich fahre nicht auf meinen Vordermann auf und nicht über andere Menschen drüber. Also ist alles O. K.

Ich nehme mir sogar Zeit für andere Verkehrsteilnehmer, wenn sie es wünschen. Bei Unstimmigkeiten kreische ich schon mal, aber ich steige nicht wie andere wild gestikulierend aus meinem Auto aus und trage Meinungsverschiedenheiten während einer Ampelphase aus. Das erlebe ich ja immer wieder, dass Leute aus dem Auto rauskommen, an meine Scheibe klopfen und mich bedrohen. Ich drehe dann die Musik auf, bis mir die Ohren dröhnen, und schaue in die andere Richtung, damit ich das Gezeter nicht hören muss.

Und wenn die Leute Mist bauen, müssen sie sich nicht wundern, wenn man ihnen den Stinkefinger zeigt. Ich verstehe gar nicht, wie all die anderen neben mir überhaupt zu ihrem Führerschein gekommen sind. Haben die den am PC gemacht? Oder im Internet bei eBay ersteigert? Die meisten, die ich im Verkehr überhole, sind zu alt, um an dem verdammten Steuer zu sitzen. Es gibt sogar eine ganze Menge Leute, die nicht nur zu alt zum Fahren sind, sondern gleichzeitig auch noch zu klein. Sie sitzen in dicken Autos und sind kaum zu sehen. Immer wieder preschen an mir führerlose Autos vorbei. Irgendwelche Freaks sitzen da drin, die nicht mal über das Armaturenbrett schauen können, mir aber trotzdem die Vorfahrt nehmen. Sie haben den Sitz ganz niedrig eingestellt und wenn man sich reckt, kann man gerade noch irgendwie ein Auge oder einen Haaransatz erspähen. Wahrscheinlich sitzen sie auf Telefonbüchern oder Campingkissen. Sie halten die Arme nach oben gestreckt, um überhaupt an den Lenker ranzukommen, und kämpfen darum, ihren Kopf über das Steuer zu erheben. Und sie sind dabei so mit sich selbst beschäftigt, dass sie gar nicht mitkriegen, wie sie sich ein- und ausfädeln und andere schneiden. Ich hasse solche Verkehrsteilnehmer.

Ich flippe aus, wenn ich sehe, wie Autos neben mir von ganz alleine fahren – und man keine Ahnung hat, was als Nächstes passieren wird. Und dann purzeln diese Zwerge plötzlich auf einem Behindertenparkplatz aus dem Vehikel heraus und steigen in einen Rollstuhl um. Ich wäre ja aus Stein, wenn ich da nicht die Scheibe runterkurbeln und alle anschreien würde. Und es ist mir in solchen Momenten auch scheißegal, was aus meinem Mund herauskommt.

Man sollte sich lieber nicht mit mir anlegen, wenn ich Auto fahre. Im Grunde bin ich dabei ganz friedlich. D. h. ich drehe die Musik auf, singe mit, fahre weder zu schnell noch zu langsam und ziehe mir die Landschaft rein. Es sind doch die anderen, die immerzu abrupt die Fahrspur wechseln! Und jedes Mal, wenn mich einer schneidet, habe ich den Verdacht, dass ein Greis drin sitzt. Alte Menschen am Steuer! Sonntagsfahrer mit Hut auf! Sie tuckern und tuckern vor sich hin, und plötzlich schießt ihnen ein Gedanke durch den Kopf und sie wechseln die Spur. Ohne sich umzuschauen. Sie schwenken von rechts außen quer über die Fahrbahn und tun dann überrascht, wenn sie mit einem Hindernis zusammenstoßen.

Und dann rege ich mich richtig auf. Aber anbrüllen darf man sie ja nicht, weil sie zu alt sind. Die stehen ja unter Artenschutz. Am liebsten würde ich sagen: »Verdammt noch mal, warum nehmt ihr nicht den Bus? Ihr kriegt doch Frei-

fahrtscheine! Holt euch einen gottverdammten Senioren-
pass – der ist umsonst!« Aber die Rentner wollen mobil bleiben. Sie mischen sich in den Straßenverkehr, um noch etwas
vom Leben zu haben. Sie hoffen, dass endlich mal wieder
etwas Großes passiert. Es wäre ein Reichsparteitag für die
Greise am Steuer, wenn sie gekidnappt oder beschossen
werden würden. Weil dann mal wieder was los ist!

Aber wenn sie sehen, dass andere junge Leute wie ich sich
am Steuer schminken, beim Fahren essen oder telefonieren,
dann werden sie aggressiv. Sie kurbeln das Fenster runter
und pöbeln rum, nur weil ich dreißig Jahre jünger bin und
mitten im Leben stehe. Glauben diese Leute wirklich, ich
hätte Zeit, mich mit ihnen abzugeben? Man müsste wirklich aussteigen und sie am Kragen packen und schütteln!
Seid ihr so blöd, dass ihr nicht seht, dass ich keine Zeit für
euch habe? Was sind das bloß für Menschen, die mich in ein
Gespräch verwickeln wollen, während ich Auto fahre? Die
sehen doch, dass ich am Telefonieren bin, irgendwas in meinen Laptop eintippe und mir dabei Frühstück mache. Wie
verrückt muss man sein, da noch zu glauben, ich wäre an
einer Diskussion interessiert?

Einmal habe ich im Kreisverkehr an der Siegessäule in
Berlin einen Rentner am Steuer gesehen, der beim Autofahren Zeitung las. O. K., es war im Stau, aber dieses Arschloch las auch weiter, als der Verkehr wieder rollte. Er fuhr
30 km/h und las dabei Zeitung. Er hatte seine *Bild* aufge-
schlagen aufs Lenkrad gelegt. Und dann wundern sich solche Freaks, dass ich hupe und ihnen den Mittelfinger zeige.
Klar, auch ich erledige im Auto so viel ich kann, und wenn

es pressiert, bearbeite ich eben E-Mails, Telefonate oder SMS. Ich kann beim Fahren inzwischen auch Kindern, die auf dem Rücksitz sitzen, die Nase putzen, leere McDonald's-Schachteln einsammeln, Kinderkotze wegwischen und das Auto aussaugen. Aber ich sehe nicht die Börsenkurse durch, mache meine Steuer oder schicke ein Fax ab.

Die Leute vergessen auch, dass man sie sieht, wenn sie am Steuer sitzen. Sie glauben, sie seien in ihrer eigenen kleinen Wohnung, weil sie ihr Auto mit Häkeldeckchen, Sofakissen und Kleenex-Boxen ausgestattet haben. Sie fahren im stressigen Verkehr zwischen Menschen, die es eilig haben, und provozieren uns mit ihrer demonstrativen Gemütlichkeit. Plüschtiere und überdimensionale Stoffwürfel baumeln an ihren Rückspiegeln, und der Wackeldackel und ein ganzes Sammelsurium anderer Geschmacklosigkeiten sollen signalisieren:»Gemach, gemach – immer mit der Ruhe ...«

Allein dafür müsste man ihnen schon eine knallen. Sie tun beim Fahren so, als wären sie in ihrer Wohnung, nur auf Rädern. Sie gönnen sich beim Autofahren sogar Massagen. Indem sie ihre Fahrersitze mit diesen hölzernen Akkupressurmatten ausstatten. Oder sie pinnen Bilder von Jesus Christus ans Armaturenbrett, hängen Luftreiniger auf und schließen Fernseher an den Zigarettenanzünder an. Und wenn sie blinken, vergessen sie die nächsten hundert Kilometer, den Blinker wieder auszuschalten. Sie sagen sich einfach:»Ich hab ja heute schon geblinkt!« Dann lassen sie sogar noch zusätzliche Warnblinkleuchten installieren, nach dem Motto:»Hier komme ich, Achtung, Achtung, ich bin so verrückt, mich selbst noch unter den Verkehr zu mischen!«

Rentner betrachten ihren Opel Kadett aus den Achtzigern als Zweitwohnsitz. Sie haben Auslegeware und Perserteppiche drin. Deshalb ist es für sie auch normal, wenn man ihnen beim Fahren die Windeln wechselt. Sie befinden sich schließlich in einer Erweiterung ihres Zuhauses. Solche Leute haben auch hinten an Kleiderbügeln ihre Jacketts aufgehängt. Sie wechseln die Schuhe im Auto und machen auf Parkplätzen ein Nickerchen. Manche von den Greisen am Steuer merken ja nicht mal mehr, wenn ihnen der Schniedel raushängt. Ich mag so etwas nicht. Es sollte ein Gesetz geben, dass so etwas verboten ist. Genauso wie Oralsex beim Fahren. Das sehe ich immer wieder aus meinem hohen Range Rover, dass Leute, die unter mir im Porsche sitzen, beim Fahren einen geblasen bekommen. Vielleicht liegt der Kopf der Frau ja auch nur so im Schoß und sie macht ein Schläfchen oder sucht etwas, kann ja sein, aber ich finde es unpassend im Straßenverkehr. So was lenkt ab. Man soll fahren.

Es ist erstaunlich, was die Leute alles tun. Es ist ihnen überhaupt nicht klar, dass sie im Auto sitzen, während sie im Auto sitzen. Wenn ich Auto fahre, will ich aufpassen und nachdenken und nicht erleben, wie ein Mann neben mir an der Ampel zum Höhepunkt kommt.

Es lenkt mich ja schon ab, wenn andere Verkehrsteilnehmer in der Nase bohren. Es widert mich an. Manche fressen ja sogar ihren Popel. Vor den Augen der Öffentlichkeit! Das ist ein Affront. Warum unternimmt keiner was? Was sind das für Arschlöcher, die uns dazu einladen, an den Ausgrabungen in ihren Körperöffnungen teilzunehmen? Neulich stand ich an einer Ampel neben einem Typen, der seinen Popel begutachtete. Ich drehte meinen Kopf also angewidert in die andere Richtung – bohrt da ein anderer! Jeder popelt heutzutage beim Fahren. Und nicht, dass dieser Typ sich damit begnügt hätte. Nein, er zieht sich etwas aus der Nase raus, inspiziert den Popel, begutachtet und bewertet ihn, rollt ihn und schnipst ihn nach hinten!

Ich bin der Meinung, solche Leute sollten von Bullen aus dem Auto gezerrt werden. Das ist Erregung öffentlichen Ärgernisses und bedroht den gesamten Straßenverkehr. Ich würde diesen Schweinen auch gerne den Vogel oder den Mittelfinger zeigen, aber ich kann ja nicht, weil ich immer links fahre. Bis ich die Hand gehoben habe, sind die längst hinter mir.

Für Popeln am Steuer müsste es 100 Euro Geldstrafe geben. Das ist viel, viel schlimmer als eine Geschwindigkeitsübertretung. Ich fordere 100 Euro Strafe plus Verwaltungsgebühr fürs Popeln an der Ampel. Wenn man es bei großer Geschwindigkeit macht, müsste es Freiheitsstrafe und Punkte in Flensburg geben. Plus einen Euro Spende für die Aids-Hilfe. Solche Leute müssten auch geblitzt werden. Und ich würde mich zu gerne umdrehen und ihnen die Zunge rausstrecken, wenn ich nur könnte, aber ich kann ja nicht, weil ich an ihnen vorbeipresche.

Abgesehen davon fahre ich aber inzwischen recht gern Auto. In der Regel parke ich auch immer so ein, dass unter mir kein anderes Auto zu stehen kommt. Und allzu weit ist der Weg von meiner Parklücke bis zum Bürgersteig dann auch nicht mehr. Gott sei Dank habe ich einen Einklapp-

Spiegel. Schade nur, dass Zeitknappheit nicht als Behinderung gilt. Wir, die wir es eilig haben und durch die Rushhour hetzen, müssten doch die Sonderparkplätze kriegen – und nicht die, die nur deshalb am Speed Limit bleiben, weil sie Zeit zum Totschlagen übrig haben.

Als ich noch richtig jung war, habe ich mir mal meinen Fuß im Handschuhfach eingeklemmt. Gut, dass diese Stoßzeiten vorbei sind. Irgendwann sollte man die Beine im Auto überhaupt nicht mehr auf Höhe des Armaturenbrettes anheben. Ich finde, das schickt sich nicht für Frauen ab einem gewissen Alter. Das wäre so unsittlich, als würde ich in einem Paralleluniversum diagonal parken.

Ein einziges graviertes Messingschild habe ich mir jetzt aber auch im Auto anbringen lassen. Darauf steht: »Achtung! Achtung! Jeder, der langsamer fährt als ich, ist ein Idiot – und jeder, der mich überholt, ist ein Raser.«

Damit fahre ich gut!

BERUFSJUGENDLICHKEIT ODER
DAS LEBEN MIT DER UMHÄNGETASCHE

Wenn ich schon die Fraktion Umhängetasche sehe, krieg ich wirklich die Krise. Menschen, die ihr Erwachsenwerden aufschieben wie einen lästigen Zahnarzttermin, wohnen ja in meiner Stadt am liebsten in Mitte, im Prenzlauer Berg oder im Friedrichshain. Man erkennt sie an ihren teuren Fahrrädern, den bunten Gummi-Umhängetaschen aus Lastwagenplane und ihren ergrauten Schläfen. Sie sind meistens 45+, wirken aber, als ob sie immer noch studieren. Ihr Leben besteht aus beruflichen und privaten »Projekten«. Und wenn was nicht hinhaut, lässt man es eben schnell wieder hinter sich.

Nach außen wird das alles als cool, trendy, megawichtig verkauft. Primär besteht der Lebensinhalt aber aus einer lässigen Selbstinszenierung und zahlreichen Aktivitäten, hinter denen man sich gut verstecken kann. Da sind dann plötzlich alle Künstler, Autor, Herausgeber, Verleger, Veranstalter, sammeln für Afrika und organisieren Events. Selbst die Armut will designed sein. Man kann Afrika ja nicht sich selbst überlassen – wo doch schwarze Babys auf den Armen von weißen Glamourstars im Print immer super rüberkommen. Black and white ist eben ein Hingucker – Heidi hat das auch gewusst.

Berufsjugendliche haben immer Zeit für einen spannenden Coffee to go. Immer Muße, um mit neuen Sonnenbrillen in stylishen Fair Trade Cafés zu posieren. Da fragt man sich doch: Wer kümmert sich eigentlich um die Kinder, von denen der Alte garantiert in den letzten zwei Jahrzehnten hier und da im Vorübergehen diverse Exemplare gezeugt hat? Wer putzt ihm zu Hause die Wohnung? Erledigt den Kleinkram? Holt Klopapier? Taut den Kühlschrank ab? Wischt hinterm Klo?

Antwort eins: die Ex. Antwort zwei: die Putze. Das sind nämlich die einzigen gleichaltrigen Frauen, zu denen solche Männer noch Kontakt haben. Ansonsten orientieren sich die gealterten Beaus gerne so Richtung 25+, Beuteschema aufgeweckte Studentin, die ihnen das Gefühl gibt, dass alles immer so bleibt, wie es früher war. Locker, flockig, unbeschwert. Groovy eben.

Solche Männer verpissen sich auch gerne mal eine Weile nach La Gomera oder haben auf einmal eine chilenische Freundin, zu der sie auf unbestimmte Zeit ziehen müssen. Warum auch nicht, Verpflichtungen gibt es ja keine. Und so Ansagen wie »ein Leben im Süden« oder »Ich zieh demnächst um« werden auch nur in Nebensätzen beiläufig fallengelassen. Immer unkonkret bleiben, lautet die Devise, alles kann sich ja auch ganz schnell wieder ändern. Wer weiß, was der morgige Tag bringt. Mal eben schnell das iPhone checken, kann ja sein, dass ein Ruf an eine andere Uni erfolgt.

Ich glaube wirklich, dass fehlende Verpflichtungen langfristig den Charakter verderben. Und die Leute verblöden dadurch auch. Da erzählt dir dann so ein Typ mit Anfang fünfzig, dass er eigentlich Künstler ist, oder doch vielleicht Schriftsteller, eigentlich aber Drehbücher schreibt und eine Agentur plant – demnächst will er da mal ein »Projekt« anstoßen usw. Aber dann klappt es doch wieder alles nicht – und schuld sind natürlich die Umstände.

Auf uns mütterliche Lastpferde, die wir seit Jahrzehnten unseren Karren alleine durch die Welt und aus jedem Dreck ziehen, wirkt diese Leichtigkeit auf den ersten Blick manchmal betörend, das gebe ich ganz offen zu. Aber schon nach kurzer Zeit, wenn man das Muster durchschaut hat, sackt die Aura solcher Berufsjugendlicher in sich zusammen und schrumpft zu einem mickrigen Häufchen Geschwätz. Ein Leichtgewicht bleibt ein Leichtgewicht – das kann man drehen und wenden, wie man will. Und jemand, der sich in seinem Leben noch nie durch etwas durchgebissen hat, sondern immer beim erstbesten Problem seine Umhängetasche und sein Fahrrad geschnappt hat und weitergezogen ist, den kann ich doch irgendwann nicht mehr ernst nehmen!

Ein Mann, der mit 40+ immer noch nicht weiß, ob er nun Schauspieler ist, Gastronom oder Fotograf, der sich mit 45+ immer noch nicht »reif für eine feste Bindung« fühlt, der mit 50+ hier und da Kinder hat, die er wie Accessoires ausführt und nur Teilzeit bespaßt (also immer wenn's um Fußball geht), ist und bleibt ein Mensch auf der Flucht. Auf der

Flucht vor dem Erwachsenwerden. Manche Männer laufen ein Leben lang vor der wahren Liebe weg. Oder führen – aus Angst, der echten Liebe zu begegnen – eine legale Scheinbeziehung mit einer Partnerin, die sich zwar Ehefrau nennen darf, aber eigentlich für das emotionale Milieu betreuten Wohnens steht.

Mit angegrauten Umhängetaschen-Männern kann man, wenn überhaupt, kurze Affären haben, auf keinen Fall darf es damit enden, dass man sich in sie verliebt. Erstens werden sie ohnehin immer Frauen vorziehen, mit denen sie ihren hohlen Dauerjugendlichkeitswahn ausleben können. Zweitens klappt es sowieso nicht, denn solche Männer riechen unseren Wunsch nach Verbindlichkeit drei Meilen gegen den Wind. Und kriegen sofort eine allergische Reaktion. Und eher sterben sie an einer Überdosis Hustensaft, als sich dem Leben zu stellen.

Zwischen vierzig und fünfzig haben wir uns über solche Männer noch schwarzgeärgert, denn ja, jede von uns hat ihr Herz schon mal verloren! Aber, Mädels, ich habe gute Nachrichten. Wir nähern uns dem Wendepunkt: Denn was mit Mitte dreißig noch absolut erwünscht war, mit Mitte vierzig gerade noch so durchging, das wird nun zum Auslaufmodell. Der Lifestyle des In-den-Tag-hineinlebenden-Berufsjugendlichen verliert rapide an Glanz. Genauso wie die Spannkraft seines (vom Fahrradfahren) legendären Muskelgerüsts. Vom lässigen Silversurfer, der gestern noch sexy im Café saß und junge Frauen mit seiner »Ich bin Fotograf«-Nummer aufgerissen hat, ist irgendwann nur noch ein fast sechzigjähriges, kahles, gegerbtes Runzelwrack übrig. Über das die jungen Dinger längst angewidert die Augen verdrehen, wenn er sie angräbt.

Wenn er Glück hat, merkt er, dass er sich nur noch lächerlich macht. Aber was soll er auch sonst tun – zu Hause wartet ja nicht mal eine Katze! Überhaupt Haustiere, oh Gott, das könnte ja in Arbeit und Verantwortung ausarten!

Manche Männer ziehen dann doch noch die Reißleine, ehelichen kurz vor der Rente die aktuelle Lebensgefährtin, zeugen noch schnell zwei Kinder und gehen von den Gelegenheitsprojekten direkt in die Alters-Eltern-Rentenzeit über. Während die deutlich jüngere Frau natürlich zusehen muss, wie sie ihre Familie durchfüttert.

Andere ziehen aufs Land, kaufen von ihren ererbten Ersparnissen ein verfallenes Gehöft in Brandenburg und hausen dort in einer Mischung aus selbsternanntem Biobauern und Bastelfuzzi. Leider bleibt es dort trotzdem immer schrabbelig, und die Sonnenblumen wuchern mit dem Unkraut um die Wette. Es mangelt eben an allen Ecken und Kanten an Veredelung. Meistens fühlen sich diese Typen aber auch in der Uckermark ziemlich schnell einsam. Und dann beginnt die Dauerpendelei. Die Heimat dieser Menschen ist dann die Bundesstraße. Und bald bilden die Verkehrslage und das Wetter ihr Hauptgesprächsthema.

So wollte man doch nie werden, oder? Ich bitte Sie, ich rede hier von Typen, die mal coole Hengste und echte Großstadtcowboys waren. Mit der Lederjacke verwachsen sozusagen. Aber eben stehengeblieben. Keinen Plan B für die Zeit nach der männlichen Menopause.

Viele Männer lassen prinzipiell auch alles so, wie es ist.

Aus Angst vor Veränderung. Sie verharren in ihrer Ein-Zimmer-Junggesellen-Wohnung, deren Plattensammlung und Inventar genauso in den Achtzigern hängen geblieben ist wie ihr Besitzer.

Von einem sportlichen, politisch korrekten Best Ager zum einsamen alten Wolf ist es eben manchmal nur ein kleiner Schritt. Und wer in den Jahren davor nicht geackert und gesät hat, wer soziale Bindungen immer nur unter dem Aspekt »Fun« gepflegt hat, der erntet jetzt auch nichts.

Ich mache mir in dieser Hinsicht ums Alter keine Sorgen: Da werden Freunde und Verwandte Schlange stehen, um auf meiner Terrasse gemütlich Apfelkuchen zu essen. Denn endlich sind sie an der Reihe. Und meine Enkel gleich welchen Geschlechts werden ihre exzentrische Oma heimlich um Schmuck, Schminke oder Taschengeld anbetteln. Ich werde umgeben sein von Jubel, Trubel, Heiterkeit, von langjährigen Weggefährten und Freunden meines Sohnes, von alten Hippies, reifen Designern, irrsinnig reichen, exzentrischen Menschen, Yachtbesitzern, großen Künstlern, lustigen Homosexuellen, Bohemiens, Genies, Originalen, Unikaten, Ästheten, internationalen Freunden und speziellen Verwandten, die im Zuge der eigenen Läuterung, Selbstfindung und Katharsis zugeben müssen: Eigentlich hat die Nick doch immer alles richtig gemacht!

Die Treue halten – das ist das, was ich am besten kann. Und meine Feinde kille ich mit Liebreiz!

Aber egal, was auch immer mir mein Lebensabend bescheren wird, wie auch immer man mich nennt (denn meinen Namen, den möchte ich schon noch mal wechseln), in welchem Palais ich auch landen werde, ich könnte die Königin von England sein – ich würde immer rübergehen, bei meinem Nachbarn klopfen und sagen: »Los komm, Horst, alter Junge, du kannst mit uns grillen. Aber lass bloß deine ranzige Umhängetasche zu Hause. Und erzähl nicht wieder, dass du demnächst deinen großen Durchbruch als Fotograf haben wirst. Und den Kies von der Auffahrt, den kannste auch mal ordentlich durchharken. Und reparier mir morgen die Fontäne vom Springbrunnen, die ist irgendwie verstopft. Wenn ich auf der Terrasse sitze, da spritzt das immer so rüber bei Ostwind. Weißte was, überhaupt wärst du doch der perfekte Hausmeister. Im Pförtnerhaus ist noch ein Plätzchen für dich frei, haste nicht Lust, bei mir den Platzwart zu geben? Ich kauf dir auch 'ne Friedrich-Wilhelm-Mütze! Steht dir gut, Alter, aber nur, wenn du den Bauch einziehst!«

WER SIEHT
HIER ALT AUS?

DER LACK IST AB

Waren Sie schon mal mit 53 die Älteste in einem Fitnessstudio? Umgeben von schmalen Jungs mit Brüsten in dünnen, weißen Trikots, alle Mitte zwanzig, die Ihnen beim Springen, Hopsen und Grätschen Blicke zuwerfen, die wortlos die Frage stellen, wie man sich nur so eine Geschmacklosigkeit erlauben kann, keuchend und hechelnd in ihrer Wellness-Oase beim Busen-Bauch-Po-Programm anzutreten? Nein? Schade! Dann wissen Sie nämlich nicht, wie Männer sich fühlen, wenn sie plötzlich mit 50+ quasi jungfräulich in die Fänge von Kosmetikverkäuferinnen gelangen, weil sie zwecks Selbstanzeige todesmutig eine Drogeriefiliale betreten.

Anders als wir Frauen haben Männer nämlich nicht ein Leben lang diese raffinierten Maßnahmen eingeübt, mit denen man das Beste aus sich macht. Männer wachen wirklich eines Tages auf und – sind plötzlich alt. Und wehe, wenn ein Mann in DEM Alter eine Beziehung mit der Kosmetikindustrie beginnt! Die angegraute Hengstparade, die da unbeleckt durch die Douglas-Filialen schleicht, hat ja nie gelernt, sich gegen die Attacken und Nötigungen aseptischer Kosmetik-verkäuferinnen zu wehren! Als Frau weiß man: Betrete ich eine Parfümerie, muss ich mich verteidigen! Welchem dieser gelangweilten Azubis mit penetrantem Permanent Make-up muss ich am konsequentesten aus dem Wege gehen, um nicht verkaufstechnisch vergewaltigt die Filiale als Opfer der Kosmetikbranche zu verlassen? Bepackt mit zwei Tüten voller Produkte und Proben, die ich weder brauche noch wollte – aber genommen habe, um mich freizukaufen von den Beschwörungen und Drücker-Methoden dieser Bestien mit den Abdeckstiften in der Hinterhand. Es ist ja fast wie Lösegeld, was man da über den Tresen schiebt – nur um der Entmündigung zu entrinnen, die mit den kosmetischen Belehrungen selbstbräunersüchtiger Hauptschülerinnen einhergeht, die dort am »Counter« regieren.

Alle schlechten weiblichen Eigenschaften kommen zusammen, wenn eine Horde berufsgeschulter, femininer Kosmetikfachverkäuferinnen versteckt zwischen Pröbchen und Flakons hinterm Tresen auf Kundschaft lauert. Da trifft ein IQ, der in etwa der Schuhgröße entspricht, auf Azubis, die sich berufsbedingt den ganzen Tag vorm Spiegel die Lippen nachziehen und La-Prairie-Cremes für 400 Euro pro Tiegel auf die Füße schmieren. Früher haben sie im Kaufhaus die Lippenstifte geklaut, jetzt kompensieren sie ihre Sucht nach Luxusprodukten der Kosmetikindustrie als Drogeriefach-verkäuferin.

Mag ja als Lebensweg in Ordnung sein, aber sich von Gören beraten zu lassen, die mir zwei Cremedosen andrehen wollen, die ihrem eigenen Monatsgehalt auf 400-Euro-Basis entsprechen, und mir dabei weismachen wollen, das Ganze wäre doch ein Schnäppchen, das liegt mir prinzipiell nicht. Ich krieg da Ausschlag. Mein Ekzem fängt an zu jucken, wenn ich ungeschminkt und gestresst auf die Schnelle in irgendeine Filiale sprinte, um meinen perfekten Lippenkonturenstift nachzukaufen (der wie üblich gerade aus dem Sortiment genommen wurde), und mir stattdessen erklären lassen muss, es gäbe jetzt eine automatische Wimperntusche mit Batteriebetrieb, die quasi wie von selber tuscht – und im Übrigen hat die Firma ein neues Serum gegen Pigmentflecken auf den Markt gebracht.

Als Frau über fünfzig wird man ja von den jungen, lispelnden Hauptschul-Azubis im Britney-Spears-Look als Urgroßmutter behandelt. Die sprechen lauter und langsamer, wenn man in den Laden reinkommt. Haken einen unter, eilen herbei und rücken einen Hocker ran ... Als käme ein gebeugtes Hutzelweibchen mit offenen Beinen in die Apotheke. Ich fühle mich gut, attraktiv, gesund und fit, aber betrete ich eine Douglas-Filiale, dann behandelt man mich wie eine Behinderte. Die 18-jährigen Aushilfen mit immer-mattem Oliventeint und einem Fach-Diplom für Augenbrauendesign spielen sich unaufgefordert als meine Betreuer und Krankenschwestern auf. Als 50+-Kundin ist man im Kosmetikgeschäft das obere Ende der Fahnenstange. Die verkaufen ja heutzutage Anti-Aging-Produkte schon an Dreißigjährige. Ab vierzig hat man »reife Haut«. Danach kommt gar nichts mehr.

Wahrscheinlich wartet bei Douglas im Hinterzimmer

schon ein Leichenbestatter von Grieneisen, um mich einzu-
salben und fürs Leichenschauhaus zu konservieren. Man
sollte wirklich im Kosmetikfachgeschäft nach Produkten
zur Präparierung fragen, denn als Mensch wird man da ja
nicht mehr behandelt. Eher wie ein Fossil, das kurz davor
ist, in Chloroform eingelegt und ausgestellt zu werden. Unsere Altersklasse ist für die Kosmetikindustrie die abgehan-
gene Hardcore-Abteilung. So wie auf dem Planeten Porno
die Omas mit den Hängebrüsten, die sich auf »bizarre Leis-
tungen« spezialisiert haben. Die sind erst 40+ ... und alles,
was danach kommt, ist illegal.

Jedenfalls darf es das offenbar gar nicht mehr geben, dass
man mit ü-fünzig irgendwelche Beautyprodukte erwirbt,
weil: Beauty kommt in unseren Visagen ja nicht mehr vor.
Wundert mich eigentlich, dass bei Douglas noch keine Ge-
sichtskontrolleure an der Tür stehen wie in den Discos. Man
sollte Schilder wie für Hunde vor der Tür anbringen:
»Vorsicht Beautyzone – Alte haben keinen Zutritt! Be-
schweren verboten.«

Vorurteilsfrei, normal und wohlwollend wird man jedenfalls nicht empfangen. Eine 50+-Kundin ist in der Drogerie
ein Ernstfall! Ein Notfall sogar. Ein hoffnungsloser Fall, der
eigentlich stationärer Hilfe bedarf. Ein Krisenfall, der mit
Blaulicht in die Chirurgie gehört. Da muss man schneiden –
cremen hilft längst nicht mehr. In den Augen der weißbekit-
telten, magersüchtigen, kajalgeschädigten Puppen, die dieses Refugium beherrschen, hat die dreißigjährige Kundin
»Falten« und die Fünfzigjährige »Runzeln«. Furchen. Hautschuppen. Flecken. Pigmentstörungen. Hautlappen. Merk-

male aus dem Reptilienbereich. Eigentlich hilft da nur noch der Stuckateur. Da muss man mit dem Brecheisen ran statt mit der Pinzette. Wat soll man da noch schminken? Das muss tätowiert, gefräst, stillgelegt und getackert werden. Am besten mit Perücke drauf. Und ablenken, um Himmels willen ablenken von der Visage. Brosche ans Dekolleté, Armbänder, Ohrringe, alles, was klimpert, große Tasche, breiter Gürtel, Schuhe für 800 Euro müssen's sein, Titten erst implantiert, dann mit Wonderbra hochgepumpt, Lippen aufgespritzt, neues Gebiss rein ... Nur so hat man eine Chance, noch mal davonzukommen: als wandelnde Kreditkarte nämlich, als Goldesel, als Kundin mit Kaufkraft, deren Hände die perfekte Größe haben, um eine goldene American Express durch den Schlitz des Kartengeräts zu ziehen.

Und dieses Schlachtfeld der Kosmetikbranche, dieses Kabinett des Grauens, das sich Parfümerie nennt, betritt nun vielleicht ein nichtsahnender Mann um die fünfzig. Weil ihm ein Kumpel gesagt hat: »Dagegen kann man was machen.« Oder: »Tu doch mal was für dich.«

Da wird dann ganz schnell von der freundlich säuselnden, hilfsbereiten, minderjährigen Kosmetikfachgehilfin der böse, große siebenfache Vergrößerungsspiegel aufgeklappt – und schwupps, sieht sich so ein alter Sack plötzlich erstmals unter blauem Neonmischlicht mit Tränensäcken, Doppelkinn, Milien, eingewachsenen Härchen und Haaren, die aus Ohren und Nase sprießen, konfrontiert. Wenn das kein Tiefschlag ist! Dieser Mann ist quasi depotenziert. Er hockt entmannt auf dem High-Tech-Hocker, vor sich das Spiegelbild des Grauens, welches seinen Namen trägt, neben sich die 17-jährige Gehilfin, die er eigentlich Vokabeln abfragen und deren Deutschaufsatz er korrigieren will, und dieses durchtriebene Ding nimmt nun einen Tiegel für schlappe 200 Euro und massiert mit salbungsvollen, zarten Fingern erst mal Gleitgel auf die eingerissenen Mundwinkel. Weil das natürlich eine besonders fragile und oft vergessene Stelle bei den Männern ist: die ausgetrockneten Lippen, die dringend neue Feuchtigkeit brauchen. Kein Wunder, wenn man den ganzen Tag das Maul bis zum Anschlag aufreißt und sich den Hummer quer reinschiebt.

Und ein bisschen zupfen dürfen die Männer heutzutage übrigens auch, denn dass die Augenbrauen in der Mitte über der Nasenwurzel zusammenwachsen, das ist schon lange nicht mehr Trend. Trägt man nicht mehr. Selbst ein Höhlenbewohner darf korrigieren und begradigen, tut auch gar nicht weh. Und wenn man bedenkt, dass ja heutzutage sogar die Fußballer ihre Beine enthaaren, was auch bei Brusthaar übrigens Standard geworden ist ... Also, wenn Sie bitte kurz mit nach hinten kommen möchten, da können wir das gleich erledigen, Waxing nennt sich das, geht ganz schnell. Und darf ich Ihnen mal eben das Glassandfeile-Maniküre-Set vorführen, damit polieren heute auch die Herren zweimal täglich die Fingernägel.

Und Masken, Masken sind ja bei den Herren Standard, beruhigend, pflegend und ent-gif-tend, sag ich nur, entgiftend! Kräutermaske aufgelegt, die Gel-Pads gegen die Tränensäcke unters Auge gelegt, das Hormonpflaster auf den Rücken geklebt, die Schrundensalbe auf die verformten Fußballerfersen dick aufgetragen und ein paar Bettsocken drüber, so balsamiert schläft es sich doch am besten allein. Was kann ich noch empfehlen? Haarfarbe natürlich, lieber wieder das jugendliche Dunkelblond statt der graumelierten Schläfen, und selbstverständlich Haarwasser gegen kreisrunden Ausfall, aber da kann man auch implantieren, büschelweise einstempeln, mit Laser, machen wir auch, darf ich Ihnen gleich einen Termin machen? Der Doktor geht mit dem Laser dann auch mal an die Warzen am Hals ... Und, oh je, Sie haben ja dunkle Leberflecken hinterm Ohr, die breiten sich aus, damit darf man nicht spaßen, Melanome, hier, da, noch eins, aber Gott sei Dank, wir haben ganz neu eine Vorbeuge gegen Hautkrebs, hat ja jeder Zweite heutzutage.

Ein 50+-Mann, der erstmals unbescholten in die Fänge dieser Kosmetikvipern gerät, wird bei lebendigem Leibe ausgenommen und zur Schlachtbank geführt. Es ist eine Art Hinrichtung, was an solch einem Mann vorgenommen wird. Er ist das Opferlamm. Und es ist ein Kampf auf unfairer Augenhöhe. Es soll sogar Verkäuferinnen geben, die seriösen Bankern im Nadelstreifenanzug Wimperntusche und Kajal angedreht haben. Und diese Männer kriegen Angst. Nackte Angst haben die! Weil es der David Beckham doch auch macht ... Bei dem weiß man auch nie, ob es nun der Stylist oder der Sanitäter ist, der mit dem Erste-Hilfe-Köfferchen übers Spielfeld rennt. Der trägt sogar Ohrringe, scheint die Metrosexualität zu sein. Die Fußballhelden sind ja heute so geföhnt, gesträhnt und gestylt, die kann man kaum noch von den dazugehörigen Spielerfrauen unterscheiden.

Und beobachten Sie mal, was nach Geschäftsschluss aus

den Büros der Frankfurter Börse herausgekrochen kommt –
da glauben Sie auch wieder an die Auferstehung der Toten.
Aber Angst vorm Regenwetter zu haben, weil der Kajal verlaufen könnte – das kommt doch einer Kastration gleich.

Alle, die ein halbes Jahrhundert alt sind, sollten lieber der
magischen Formel vertrauen, die Nachtschwester Desi hier
mit dem silbernen Löffel verabreicht: Der Jungbrunnen in
uns selbst ist das einzig Wahre, die Cremes im Tiegel sind
nur eine armselige Kopie! Unsere Gehirne sind in der Lage,
all die Wirkstoffe, die sich so mancher in Pillenform ein-
pfeift, selbst zu produzieren. Aktivieren Sie, lieber Kunde,
deshalb die Festplatte im Kopf mit der einzig menschen-
freundlichen Formel für frischgebackene Fuffziger:

Have FUN AFTER FIFTY, 'cause FIFTY IS FABULOUS!

Hätten Sie gedacht, dass es so viele F-Wörter gibt, die es
in sich haben?

Jung ist man nur einmal, aber unreif kann man für den
Rest des Lebens sein. Altern ist eben nichts für Schlapp-
schwänze. Man(n) muss ein ganzer Kerl sein, um mit dem
Gesicht, das man sich verdient hat, klarzukommen.

Aber erinnern Sie sich an diese grauenvollen Zeiten, als
ein einziger Pickel das ganze Date ruinieren konnte, oder als
man nach einem missglückten Friseurbesuch heulend zu
Hause vorm Spiegel stand und lieber gestorben wäre, als der
Peer Group wie eine explodierte Steckdose gegenüberzu-
treten? Wir haben auch das durchgestanden. Da muss man
doch wirklich keine Angst mehr haben, zu den Zicken hinterm Drogerietresen zu sagen:»Nein, will ich nicht!«,»Nein,
brauche ich nicht!«,»Nein, gefällt mir nicht!«,»Nein, ich

will ja nicht so aussehen wie Sie!« und »Nein, ist mir viiiel zu teuer!«

Lernen Sie, »Nein« zu sagen im Kosmetikfachgeschäft. Erst wenn Sie das geschafft haben, sind Sie ein ganzer Kerl. Es mag mehr Überwindung kosten als Ihr Veto in der Aktionärshauptversammlung. Aber es muss sein.

Bleibt nur zu hoffen, dass Sie das Glück haben, in der Kosmetik-Filiale von einem penetranten jungen Ding bedient zu werden. Es kann nämlich noch viel schlimmer kommen: Sie treffen auf den Filialleiter. Und der ist femininer als all die Gören zusammen. Er wird Sie vergewaltigen. Denn er ist Visagist, bitte schön. Staatlich geprüft von der Schwulenszene. Von dem können wir alle am besten lernen, wie man jung bleibt: Tunten werden nämlich nicht älter – die werden gehässiger!

NOCH MAL FÜNF SEIN!

Wie jede 50+-Frau streite ich nicht ab, dass mich Stolz überkommt, wenn man mich auf 30+ schätzt. Aber es gehört natürlich auch gar nicht viel dazu, sich ein solches Kompliment zu erschleichen, wenn man nur ein gutes Dekolleté hat und sich mit einem Mann unterhält, dessen Sexualleben sich auf die ehelichen Pflichten beschränkt. Je sexuell bedürftiger sie sind, desto jünger schätzen einen wahrscheinlich die Kerle.

Entscheidend für die Antwort auf die lebensgefährliche Frage »Wie alt schätzt du mich denn?« ist auch die Kulisse, in der man sie stellt: bei Kerzenlicht im Plüschrestaurant, hochgetuned im Cocktailkleid, in Szene gesetzt mit teuren Louboutins oder gar im damenhaften Brokatmantel mit einem Riesenhut, der das halbe Gesicht verdeckt? Oder stellen Sie die Frage todesmutig im Bikini am Strand, ungeschminkt und sogar mit fettig glänzender Salbenhaut und nassem Haar?

Und Sie sollten unbedingt im Auge behalten, ob der Blick

des Mannes, der gerade Ihr Verfallsdatum berechnet, es überhaupt bis in Ihr Gesicht schafft und nicht am Minirock, den »Ich bin zu haben«-Accessoires, der leckeren Pediküre und der 3000-Euro-Handtasche hängen bleibt. Es gibt ja Kandidaten, die sind so dumm, dass eine Frau mit Schnurrbart und im Handstand durchs Zimmer laufen könnte und sie würden es nicht bemerken – nur weil ihnen der Arsch gefällt.

Ich persönlich bin ja erst glücklich, wenn man mich auf fünf schätzt. Tja, wie sagen die Amerikaner so schön? »Man muss nach den Sternen greifen, um auf dem Mond zu landen!«

Fünf war definitiv mein bestes Alter! Das letzte Jahr in Freiheit und Reinheit, die Vollendung des Werkes Gottes, denn mit der Einschulung ging es schon wieder bergab. Schule läutet Wettstreit, Konkurrenz, Leistung, Beurteilung, Kritik, Hackordnung, Fremdbestimmung, Disziplin, Angst und Strafe ein – kurz: Deformation.

Ich würde in meinem Selbstverständnis daher gerne genau an dem Punkt anknüpfen, wo die rigide Formung durch die Gesellschaft sich meiner bemächtigt und mich eigentlich von meinem wahren Selbst entfernt hat. Denn dieses Trauma sitzt tief. Bis zu meiner Einschulung lebte ich in der festen Überzeugung, ich sei der Mittelpunkt der Welt und eine Prinzessin. Erst mit der Schultüte in der Hand und im Schottenrock merkte ich, dass es noch andere Kinder gab. Es gab sogar Mädchen, die Hosen trugen! Das war mein unvergessener Transgender-Schock. Wussten diese Kinder nicht, auf welche Seite sie gehörten?

Und warum hänselte man mich, wenn ich Omas rosa Häkelmütze mit Riesenblume am Ohr trug und zum Essen eine Schürze umband? Der Verdacht, dass es auch hässliche, böse, neidische und arglistige Kinder geben könnte, war eigentlich im Alter von sechs Jahren meine persönliche Vertreibung aus dem Paradies. Die Schule hat mir weh getan. Jeden Tag. Bedenken muss man, dass ich die einzige Tochter einer alleinerziehenden Mutter bin, die mir die Augen zugehalten hat, sobald ich auf der Straße mit etwas konfrontiert wurde, das das Prädikat »hässlich« verdiente. Sei es Krankheit oder Behinderung, sei es eine ausgebombte Ruine, seien es schlecht gekleidete Menschen, Geschäfte mit minderwertiger Ware, verfaultes Obst, Sperrmüll oder ein Scheißhaufen. Meine Mutter hat mir schützend die Augen zugehalten, damit ich nicht mit Eindrücken konfrontiert wurde, die nicht ihrem ästhetischen Ideal entsprachen. Ich sollte im weißen Baumwollkleid mit Hütchen auf dem Kopf und Lackschuhen über Wiesen springen, Blumen pflücken und Häschen streicheln. Selbst bei Regen oder Gewitter zog meine Mutter schon die Vorhänge zu und legte Chopin-Platten auf. Kultur, Kultur, Kultur – Rückenschule, Rückenschule, Rückenschule, wenn Sie verstehen, was ich meine.

Der Kulturschock ließ nicht lange auf sich warten. Denn die Realität und die Bedingungen des sozialen Umfeldes waren für meine Familie nebensächliche Kinkerlitzchen, die durch umso größere innere Freiheit ausgeglichen wurden. Haltung bewahren, das ist das Mindeste, was man tun kann, wenn die Welt einem die Arschkarte zeigt.

Nun, das sitzt tief in mir drin, und je älter ich werde,

desto leidenschaftlicher knüpfe ich an die Zeit an, in der ich pur war – nämlich fünf. Fünf zu sein bedeutet für mich »Pferdeschwanz«. Sobald mein Blick in einem Schaufenster oder Spiegel meine Silhouette mit Pferdeschwanz und Ponyfransen erhascht, stellt sich in mir ein mädchenhaftes Kichern ein. Sofort erhellt sich mein Blick! Und diese innere Haltung bewirkt, dass der richtige Mix aus Chemikalien in meinem Hirn ausgeschüttet wird, um meine Umwelt offen, naiv, unbelastet, neugierig und überrascht aufzunehmen. Wenn mir jetzt ein Onkel ein Eis kaufen würde, ich würde mitgehen! Dieses Kind in mir ist nun mal nicht totzukriegen. Es zeigt der Zahl in meinem Pass ganz einfach den Stinkefinger.

Ebenso wie sich uns das Mysterium der Liebe immer wieder neu erschließt, halte ich auch die Jugendlichkeit für ein Mysterium, das sich in keinster Weise über Faltenfreiheit definiert.

Keine Botoxspritze kann erreichen, dass unser Blick, unsere Augen, unser Lächeln eine Jugendlichkeit ausstrahlen, die nur aus einer inneren Haltung, aus Lebendigkeit und Frische geboren wird. Man kann durch Collagen aufgepolstert faltenfrei daherkommen und trotzdem die Ausstrahlung einer Scheintoten haben. Man kann geliftet sein, bis sich die Ohren am Hinterkopf treffen, und dennoch wie lebendig begraben wirken.

Jugendlichkeit ist etwas, das nur von innen kommen kann. Und mit fünfzig auszusehen wie dreißig, das erfordert nicht nur den richtigen Wonderbra, sondern die Löschung des ganzen belastenden Negativmaterials, das unser Hirn zumüllt. Das, was wir nie haben wollten, muss weg – damit wir unbelastet und frei bleiben. Was stört, gehört ausgemerzt. Weg mit Schaden, sag ich nur. Schaden schadet. So festgefahren die Statuten und Schubladen, in denen man agiert und denkt, so ältlich der gesamte Habitus. Gestik, Stimme, Sprache, Vokabular, Humor – sie machen den nie versiegenden Jungbrunnen in uns selbst aus. Und niemals können diese Ingredienzen des Geistes und der Seele in ein Serum filtriert und intravenös injiziert werden.

52 Prozent der Menschheit werden nun mal der Menopause nicht entkommen, denn es gibt 4 Prozent mehr Frauen als Männer auf unserem Planeten. Da wäre es doch ratsam, die Menschheit aufzurütteln und angesichts der bevorstehenden hormonellen Veränderung zum Lachen zu bringen, oder? Es geht dabei nicht im Geringsten um platte Witze über Truthahnhälse und Besenreißer. Denn dieses Lachen würde einem im Halse stecken bleiben, wenn man das nächste Mal bei Oberlicht in den Spiegel schaut.

Meine Medizin ist kostenfrei und sofort umsetzbar. Denn die Fähigkeit zu lachen ist das unschlagbarste Anti-Aging-Mittel überhaupt. Ein Geschenk Gottes! Holt euch die Botoxspritze und füllt die Mundpartie mit Collagen auf, es ist eine armselige Ersatztherapie für das, was wir mit herzhaftem Lachen erreichen können. Als Handpuppe aus der Muppet Show, deren Mund nicht mal mehr ein strahlendes Lachen zustande bringt, sondern höchstens ein breites Kaulquappengequake, weil der Onkel Doktor Mundwinkel und Nasolabialfalten stillgelegt hat, gibt man ein Bild der Erstarrung ab – kein Vergleich zu dem, was ein befreites

Lachen für uns und die Welt tun kann! Lachen transportiert Sauerstoff in alle Zellen und Organe. Und das größte Organ unseres Körpers ist nun mal die Haut. Deshalb bekommen wir durch das Lachen eine besser durchblutete, gesündere, jüngere Haut am gesamten Körper. Und: Lachen trainiert die Muskulatur und aktiviert die natürliche Aufpolsterung der Wangenpartien! Leider bleibt der Trizeps außen vor. Wer die Sache mit der Lachtherapie also mit verbissenem Ehrgeiz betreiben will, der sollte sein Workout mit den Dumbbells an den Oberarmen mit einem strahlenden Lächeln kombinieren. Vielleicht zu zweit? Dann fällt das Lachen leichter. Während ich mein Workout mache, ich bin übrigens bekennender Pilates-Junkie, sondere ich immer wieder kontrollierte Töne ab, die man durchaus als Gesang der Wale bezeichnen könnte. Und genau das ist das Wundermittel! Denn alles, was wir mit Lachen erreichen können, erreicht man auch mit Gesang!

Der liebe Gott ist, was den Humor anbetrifft, nicht gerade gerecht gewesen. Er hat dem einen davon aus seinem Füllhorn mehr zuteilwerden lassen als dem anderen. Komiker zu sein und mit Humor durchs Leben zu gehen – das ist ein Segen! Es verschafft inneren Reichtum und wirkt wie ein Schutzpanzer gegen die Dummheit und Arroganz, mit denen uns das Leben immer wieder konfrontiert.

Die eigene innere Stimme im Gesang freizusetzen, das mag im Wettstreit mit La-Prairie-Produkten verschroben klingen, erreicht aber dasselbe. Gesang erhellt das Herz, übt das Atmen, bringt Menschen zueinander, schafft Einklang, führt zur inneren Mitte und schenkt unermessliche Energie. Singen im Chor ist mehr als Meditation, es ist ein Ticket zu einem neuen Selbst. Geht in den Chor, bucht einen Trommelworkshop, stellt euch an die Congas und lernt auf eure alten Tage noch mal grooven, raven oder swingen. Übt den Boogie. Bucht den Salsa. Vergesst niemals den Wiener Walzer. Tragt Kopfhörer. Spürt den Beat. Das ist der Jungbrunnen, der allen zur Verfügung steht. Take it or leave it.

Aber fragt mich nicht noch mal, warum ich so aussehe, wie ich aussehe. Das funktioniert jetzt alles auch ohne Pferdeschwanz. Die Haare binde ich mir nur noch mental hoch. Und: Ich bin singende Komikerin. Ich lache, atme und singe zugleich. Zwar nicht immer richtig, dafür aber laut. Noch Fragen?

Apropos: Wie ich das jetzt alles so betrachte, fühle ich mich direkt wie drei.

BAD HAIR DAYS? SURVIVAL
KIT FÜR DEN FRISEUR!

Jeder Tag, an dem das Haar nicht sitzt, ist ein bad hair day. Und dass unser Haar von selber sitzt, erleben wir immer seltener. Würde ich meine Autobiographie schreiben, könnte ich meinen Lebenslauf in Haarstile und -looks einteilen: die Zeit VOR dem Kurzhaarschnitt, die Zeit NACH der Föhnwelle, die kaputte Dauerwelle und der freche Annie-Lennox-Streichholzschnitt ... Der Friseur markiert unsere Biographie.

Man kennt mich als Naturblondine. Und das bin ich auch – laut Poly-Diadem-Packung »Schwedisch blond«. Und ich färbe wirklich nur immer oben ein klein wenig den schmalen Streifen am Haaransatz nach. Der Rest ist echt. Und darauf kann ich stolz sein.

Die Haare bilden nun mal den Rahmen fürs Gesicht. Ich sage Ihnen auch, woher diese Besessenheit mit den Haaren rührt: Ohne große Qual, Eigenleistung oder Schweißarbeit setzt man sich einfach zum Friseur, begibt sich in dessen Hände, lässt andere für sich arbeiten und fühlt sich nach zwei Stunden wie ein neuer Mensch. Das beeindruckt. Es ist so ziemlich die effektivste Methode, um den Tag besser aussehend zu beenden, als man ihn begonnen hat. Für dieses Feeling muss man sonst erst diszipliniert trainieren, wochenlang abnehmen oder in Urlaub fahren. Der Friseur vermag uns Erfolgserlebnisse zu vermitteln, ohne dass wir selbst einen Finger rühren. Und wenn man Glück hat, heimst man sogar noch Komplimente ein.

Mit absoluter Sicherheit kann man in wenigen Stunden einen neuen Typ aus sich machen – wenn man mit den Frisösen kooperiert. Während wir stillsitzen, sinnlosen Tratsch auf uns einplätschern lassen und unsere intimsten Herzensangelegenheiten erörtern, kehrt der Haarstylist eine neue Seite unserer Persönlichkeit hervor. Das ist ein Lifting für die Seele. Und oft auch ein äußeres Symbol für einen neuen Lebensabschnitt – weg mit dem Ballast, schnipp schnapp, Haare ab. Ein »zu kurz« gibt's seit der Arbeit mit Haarprothesen wie Tressen und Extensions sowieso nicht mehr. Was fehlt, wird angeklebt.

Und Verdichten ist sowieso der Clou für 50+-Kundinnen, denn unangenehme menopausale Begleiterscheinungen wie schütteres Haar oder Haarausfall können mit einer Vielzahl von Kunstgriffen ausgeglichen werden. Sich wie Mireille Mathieu sechzig Jahre lang mit demselben Look zufriedenzugeben ist entweder ein professioneller Marketingschachzug oder ein Zeichen mentaler Stagnation. Ich denke mal, die Fans, die mit Frau Mathieu gealtert sind, würden ihre Mireille gar nicht mehr erkennen, wenn sie die Frisur ändern würde. Genauso war es ja am Ende mit Hildegard Knef: Perücke auf, Hut drüber und die dicken Wimpern ran, dann war es »unsere Hilde«. Die Fans sind dann selbst schon so senil, dass sie auf einen anderen Look gar nicht mehr umschalten könnten und letztlich »ihren Star« nur noch an den Haaren erkennen.

Was ich aber eigentlich sagen will: Kaum eine Frau, die das Beste aus sich macht, verzichtet heute auf die Technologien, die zur Verfügung stehen, um das Haupthaar einer Zwanzigjährigen zu simulieren. Im Zeitalter der Prada- und Gucci-Fälschungen fallen Acrylnägel, Extensions, falsche Wimpern und Zahnkronen doch gar nicht mehr auf. Früher wurde man verlacht und gehänselt, wenn man sich die Schulterpolster als Push-up in den BH gesteckt hat, heute wird man verspottet, wenn man seine grauen Haare nicht färbt.

Je trendiger der Ort ist, an dem man lebt, umso wichtiger ist es, up to date zu sein. Nach einer Oma mit Dreadlocks, die ihre Strähnen mit Honig, Pferdeschmiere und dem Elektrozauberstab verfilzt, dreht sich in Berlin-Mitte keiner um. Manche setzen sich dort auch nur einen schrillen Hut auf und nennen sich Diva. Die kommen aber aus der Provinz. Wie eigentlich alle im Prenzlauer Berg.

Zwischen derlei schwäbischer Extravaganz und dem grauen Bürstenschnitt der Geriatrie liegen aber Hunderte von Möglichkeiten, die nur darauf warten, von Ihnen entdeckt zu werden! Sich selbst in der Mitte des Lebens gut zu behandeln, halte ich für die effektivste Strategie überhaupt! Gönnen Sie sich den Friseur Ihres Vertrauens und leisten Sie sich ein neues Lebensgefühl, damit Sie sich selbst in Ihrer Haut liebhaben können.

Was jedoch im Hinterkopf immer eine Rolle spielen sollte, ist der Zeitfaktor, den Sie zur Verfügung haben: Sind Sie eine Wiederholungstäterin, die dreimal die Woche mit dem Friseursalon zusammen frühstückt? Oder gönnen Sie sich ein Makeover nur zweimal pro Jahr? Mir persönlich ist immer wichtiger geworden, dass ich mir die Haare auch selber machen kann. Sonst haben Sie mit Ihrem neuen Look einen weiteren Stressfaktor am Hals. Kalkulieren Sie bei Ihrem Hairstylisten die Tage, an denen das Haar nicht sitzen will, gleich mit ein. Am besten sind immer Looks, die man variieren kann und die sich der Sportart, dem Beruf, der Lebenslage im Allgemeinen anpassen. Da haben wir Frauen den Männern wirklich viel voraus, denn solange wir noch Haare haben, um die wir uns kümmern können, sind wir privilegiert. Sich als Typ für eine polierte Glatze entscheiden zu müssen, ist das andere Ende der Skala – und nicht selten suchen sich solche Männer eine Frau, die ihr Haar für beide offen trägt.

Wenn man schon nicht sexy ist, dann muss man eben daran arbeiten, dass man für sexy gehalten wird. Denn wir Frauen entscheiden ja in der Post-Alice-Schwarzer-Ära selbst, wann wir sexy sein wollen und wann nicht. Nur diese Seite unserer Persönlichkeit ganz aufzugeben, sie aufgrund des Älterwerdens geradezu verkümmern zu lassen, das halte ich für eine der traurigsten Entscheidungen, die man treffen kann!

Aber vielleicht haben Sie ja wirklich genug von den ewigen Spielchen? Mag sein, dass genau Ihre Vagina einst in allen Reiseführern der Stadt als place to go aufgelistet war und es Sie nun nicht mehr im Geringsten interessiert, wer was von wem in den Mund nimmt? Auch gut. Aber nur solange es eine bewusste Entscheidung ist. Dann brauchen Sie wahrscheinlich Ihren Friseur in Zukunft wirklich nicht mehr, sondern pflegen gekonnt einen entschiedenen Lässiglook.

Aber Hairdresser können ja so viel mehr als Dauerwellen einlegen: Sie können Busenfreund und Geheimnisträger sein. Networker und Stylingberater. Drogendealer und Laufbursche. Kurz: Partner in crime!

Aber bitte nicht verlieben! Denn Männer, bei denen der Stammbaum endet, weil sie im seichten Ende des genetischen Pools stehen, mögen Ihnen phantastisch die Haare machen können und Sie top gestylt entlassen, aber sobald Sie diese haarscharfe Grenze überschreiten und einen Schritt zu nah kommen, da werden die Ihnen gegenüber so verschlossen sein wie der Schließmuskel von Vitali Klitschko.

Und ein absolutes No-go sind auch die Haarschneider, die sich als bisexuell outen. Die wollen mehr. Obacht! Sollten Sie der mütterliche Typ sein, dann betreuen Sie Ihr Rudel von heimatlosen Trienen, soviel Sie wollen, aber wundern Sie sich bitte nicht, wenn dieser Zirkus die anderen Männer in Ihrem Leben verschreckt. Kaum ein Mann ist einer Truppe zickender Schwuchteln gewachsen, die meisten können diese nur in kleinen Dosen verkraften. Und Bisexualität bei Friseuren ist auch immer so was auf halbem Wege Steckengebliebenes. Die Unvollendete, die auf den Dammbruch wartet. Eine Raststätte auf dem Weg nach Gaytown!

Sie können hier als Frau bestenfalls teilzeitkellnern, aber nicht Ihre Heimat finden.

Und hüten Sie sich auf jeden Fall auch vor Frisuren-Fachberatern, die Ihnen ihre Liebe dadurch zeigen, dass sie Ihnen alles auf einmal geben wollen: schneiden, färben, Dauerwelle, strähnen, föhnen und dann hochstecken. Höchstens zwei Anwendungen pro Sitzung! Alles andere ist dem Nervenkostüm einer 50+-Kundin nicht zuzumuten. Und lassen Sie sich auch nicht im Hinterzimmer Ihres Friseurs mal eben schnell piercen. Bloß nicht. Nicht mehr in unserem Alter! Man hat ja schließlich schon genug Löcher, die erst mal gefüllt sein wollen.

INSTANT MAKEOVER ODER AUF
DU UND DU MIT DEN NEUN TODSÜNDEN

Gut, werden Sie sagen, nun habe ich mich innerlich aufge-
forstet und Position als Chorsängerin, Steelbandtrommlerin
und Bauchtänzerin bezogen, ich bin erleuchtet und beseelt,
ich habe mein Beckenbodenchakra gefunden und sogar das
Haar sitzt – und trotzdem schaut mich im Schaufenster meiner Einkaufspassage diese miesepetrige, fahle, alte Fregatte
an, die im Inneren wesentlich flippiger drauf ist, als die
äußere Hülle erahnen lässt. »Es muss was passieren«, sagt
man sich dann. Und bevor die Hostessen mit den Flyern für
einen kostenlosen Sehtest aus der Fielmann-Filiale auf einen
zustürzen, entscheide ich mich für einige der brachialen,
SOFORT umsetzbaren Eingriffe, um mich besser zu fühlen.

Nun, ich für meinen Teil bin überzeugt, dass ich als Berli-
nerin den besten Platz der Welt gewählt habe, um in Würde
zu altern. Hier kommt man sogar zu Ruhm und Ehre, wenn
man eine Zukunft als renitenter Rentner plant, der seinen
Lebensabend damit verbringen will, vorsätzlich die Nachbarn zu ärgern. Man fände mit diesem Konzept sofort

Freunde in meiner Heimatstadt. Ansonsten bin ich umgeben von Schulen, Krankenhäusern, Polizeirevieren, den besten Restaurants Deutschlands, Schönheitstempeln, Medienzentralen, Kulturstätten und Museen, für die Touristen um die halbe Welt reisen – und all das im Umfeld meiner Parkzone.

Meine Ratschläge, wie man innerhalb eines einzigen Tages durch ein Instant Makeover einen neuen Menschen aus sich machen kann, lassen sich aber auch auf dem platten Land umsetzen. Entweder Sie gehören danach zu denjenigen, auf die man mit Fingern zeigt und nach denen gespuckt wird, oder Sie erheben Anspruch auf den Thron als Dorfschönste!

Wie es auch kommt: Man wird Sie lieben, solange Sie zu sich selber stehen, versprochen! Als Trendsetterin muss man es eben auch ertragen, betrachtet, begutachtet und beurteilt zu werden. Es gibt nämlich nur zwei Möglichkeiten: entweder den Zahn der Zeit an sich nagen zu lassen oder in der zweiten Lebenshälfte zu einem neuen Selbst zu finden – charismatischer und eleganter als je zuvor!

Im Kampf um Jugendlichkeit sind nicht immer alle Bemühungen reifer Frauen von Erfolg gekrönt. Im Gegenteil. Selbst die, die früher als Trendsetter galten, klammern sich oft an das Image vergangener Tage. Dabei heißt es jetzt und hier, mit alten Gewohnheiten zu brechen und modischen Fettnäpfchen, die überall lauern, auszuweichen. Denn den Wettstreit mit der eigenen Tochter aufzunehmen und mit dem Teenie T-Shirts und Leggings zu tauschen, das kann schnell zur Stilkatastrophe werden. Lassen Sie uns daher ein kleines Brevier der größten Modefallstricke zusammenstellen, vor denen man JEDERZEIT gewarnt sein sollte.

Hier kommt das ICH-SEH-JUNG-AUS-SÜNDENREGISTER:

1. Falsches Schuhwerk

Klar, es gibt gesellschaftliche Zwänge, wo erwartet wird, dass man zum Outfit passende Zehn-Zentimeter-Stilettos trägt, um dem allgemeinen Dresscode zu entsprechen. Das sind Events, die klammere ich hier aus. Im Alltag jedoch, da frage ich mich, ob die Frauen, die mit 50+ in 800 Euro teurem Jimmy-Choo- oder Manolo-Blahnik-Schuhwerk übers Pflaster und durch den Regen rennen, auf Drogen oder Tranquilizern sind? Die beliebten Treter wurden konzipiert, um damit zu einer Limousine zu stelzen, die einen genau vorm Roten Teppich ablädt. Aber im Alltag auf Zehenspitzen darin umherzutrippeln, das sieht derart unentspannt aus, dass es total unsexy und verkrampft, und vor allem nicht nur bemüht, sondern verzweifelt wirkt! Eine Frau, die sich so verrenkt, unternimmt Anstrengungen. Das ist mühsam.

Sie haben mehr gewonnen, wenn Sie bequemes Schuhwerk tragen – also Schuhe, die einen modischen, zeitgemäßen Look vermitteln, von exzellenter Qualität sind und Sie vor allem mühelos einherschweben lassen. Wer sich morgens das Schuhwerk bereitstellt und hineinschlüpft, sollte den ganzen Tag nicht mehr an seine Füße denken müssen. Sie sind ja keine TV-Moderatorin, die Stilettos trägt, um auch im Sitzen sexy auszusehen. Sie sind auch keine »Sex and the City«-Darstellerin, die Millionenbeträge dafür kassiert, dass sie vor der Kamera so tut, als würde es Spaß machen, in High Heels zu leben. Wenn diese Aktricen nach Hause kommen, ziehen sie sofort ihre hässlichen Ugg Boots an, um wieder sie selbst zu sein.

Was Sie brauchen, sind Schuhe, in denen Sie im Eilschritt durch einen Platzregen kommen – ohne einen Nervenzusammenbruch zu kriegen, weil wieder das teure Kalbsleder im Arsch ist und die Absätze ruiniert sind. Sie sollen in Frieden laufen dürfen, verdammt noch mal! Und wenn sich Ihr Hund von der Leine losreißt, dann sollten Ihre Schuhe es Ihnen erlauben, den gottverdammten Köter einzuholen. In Berlin ist es inzwischen nicht mal mehr ungewöhnlich, dass Frauen im Cocktailkleid mit Birkenstocks in der Oper ankommen und erst im Foyer in ihre Pumps schlüpfen. Das ist überhaupt der Hit: ein Paar unserer liebsten Gesundheitswohlfühlschuhe im Auto, in der Tasche, in der Firma, im Fitnesscenter deponieren und je nach Anlass und Gefühlslage einfach wechseln.

Ja, ich bin freigiebig mit Geheimtipps, denn ich verrate Ihnen noch etwas: Tanzschuhe! Entdecken Sie Profischuhwerk. Aus dem Ballettladen oder dem Tanzsportfachgeschäft. Tangoschuhe in klassischen Formen mit weichen Wohlfühlsohlen, die sich an Ihre Füße anpassen wie ein Handschuh.

Glauben Sie mir, in unserem Alter sollten wir genügend Reife entwickelt haben, um dort anzukommen, wo wir hinwollen – und zwar ohne dass uns die Füße bluten!

2. *Zu viel Cake-Make-up*

Man mag es kaum glauben, aber je älter ich werde, desto weniger schminke ich mich! Einer der größten Fehler ist es zu glauben, dass ein Überschuss an Make-up das Alter wie Camouflage kaschieren kann. In Wahrheit werden durch extreme Dosierungen von Make-up Falten noch mehr betont. Eine dicke Grundierung: der perfekte Weg, um alt auszusehen! Make-up und Cremes setzen sich in den feinen Linien der Haut ab und betonen diese nur noch mehr.

Denken Sie radikal um: Weniger ist mehr! »Viel hilft viel« gilt für junge Leute.

Dass Sie vierzig, fünfzig oder sechzig Jahre oder älter sind, ist überhaupt nichts, das verborgen werden muss. Werden Sie sich der einmaligen Attraktivität und Schönheit bewusst, die sich erst mit dem Alter einstellt. Anstatt mit dicker Make-up-Paste die Zeichen der Zeit verbergen zu wollen, sollten Sie in ein gutes kosmetisches, dermatologisch kontrolliertes Programm investieren.

Dasselbe gilt fürs Augen-Make-up: Cremelidschatten setzt sich in den Falten ab, perlige Lidschattentöne sollten gemieden werden. Nähren Sie Ihre Haut, seien Sie verschwenderisch mit Feuchtigkeit, Peelings, Dermabrasion. Lasern Sie die Pigmentstörungen weg, klären und reinigen Sie, aber bitte Hände weg vom immer-matten Cake-Make-up! Wählen Sie die Grundierung stets einen Ton heller als Ihre eigentliche Hautfarbe, so dass Ihr Teint strahlen und leuchten kann. Alles andere wirkt wie frisch gespachtelt. Leblos und tot. Zwischen Ihnen und einem alten Transvestiten gibt es sonst bald keinen Unterschied mehr. Und Transen sind ja wie große Ölgemälde – man muss sie aus der Distanz betrachten, um ihrer Wirkung zu erliegen.

3. Zu wenig Feuchtigkeit

Trockenheit ist ja überhaupt das Thema ... immer wieder. Feuchtigkeitsverlust bis hin zur Schuppenbildung, nein, so weit darf man es nicht kommen lassen. Lieber eine preisgünstige Creme großzügig verwenden, als eine aus dem 400-Euro-Tiegel sparsam. Öfter eincremen, als Sie glauben! Erst die Feuchtigkeitscremes, darauf dann die Nachtcreme. Da muss Ihr Partner eben durch. Er soll sich nicht so anstellen. Man hat ja so auch was von einem gesunden, properen, frisch gepflegten Baby. Wer Sie wirklich liebt, erträgt das. IHM täte es übrigens auch ganz gut. Zum Beispiel an den Ellenbogen oder den Fersen. Anderes Thema. Also nicht kleckern, sondern klotzen bei der Feuchtigkeitspflege.

4. Spröde Lippen

Will sagen: zu viel Lipliner, falscher Lippenstift und zu viel Lipgloss. Der Ton Ihres Teints ändert sich nicht nur im Laufe der Jahre, sondern auch während der Jahreszeiten. Ein Lippenstift, der vor zehn Jahren frisch wirkte, sieht plötzlich fahl oder grell aus. Und ein Kardinalsverbrechen ist dieser glänzende Lipgloss, der sich in den feinen Fältchen an Ober-und Unterlippe absetzt. Das führt dann zu einem verschmierten Mund, der bei einer reifen Dame immer irgendwie verzweifelt wirkt.

Wichtig sind auf jeden Fall helle Konturenstifte, die Ihre Lippenfarben an Ort und Stelle halten und ein Auslaufen vermeiden. Orientieren Sie sich bei der Farbauswahl am natürlichen Ton Ihrer Lippen. Ein Konturenstift ermöglicht oft, auf Lippenfarbe komplett zu verzichten und stattdessen das Volumen auszuschattieren. Ein Hauch klarer Gloss in die Mitte, fertig! Ich sage immer: Je natürlicher und ungeschminkter ein Mund wirkt, desto länger hat man dran gemalt.

5. Der rechte Schwung

Buschig ist das Stichwort. Buschige Brauen. Will keiner, wissen wir alle, vergessen wir aber leider immer wieder. Buschige Augenbrauen können das schönste Gesicht ruinieren, es sei denn, Sie machen auf Frida Kahlo. Die Braue ist der Rahmen fürs Auge. Einen eleganten Bogen herauszuarbeiten ist die halbe Miete. Leisten Sie sich den Besuch eines Studios, das sich auf den Schwung von Lippen und Brauenkonturen spezialisiert hat. Diese Fachkräfte tun nichts anderes, und Sie sind eine Sorge los. Wenn Sie nachstricheln, muss ich Sie auch warnen. Puder ist besser. Und niemals diese schwarzen, dicken Balken, die wie mit dem Edding aufgestempelt sind. Zart bleiben, heißt die Devise. Fuck you, Frida K.!

6. Drama Teenie-Look

Mit einem Griff nach den »ach so witzigen« Outfits aus dem Kleiderschrank der Tochter verkündet man lediglich die Botschaft: »Ich brauche Hilfe!« Genauso wie mit diesen grauenvollen Oma-Klamotten, die einen Stretchbund in der Taille haben. Möglichst ÜBER dem Bauchnabel. Warum sitzt bei Greisen eigentlich immer der Hosenbund viel zu hoch? Auch bei alten Männern. Fast knapp unter den Brustwarzen. Wie kommt es, dass proportional zum Alter diese Linie immer höher wandert? Was soll das? Und wozu dient es?

Trotzdem: Auch alles, was hip und gewagt, provokativ und trendy ist, sollte umgangen werden. Sie sind doch kein wandelnder Kleiderbügel! Und ich hoffe außerdem, dass mit unserer Generation dieser Trägerrock-Hemdblusen-beige-Polyesterhosen-mit-Bügelfalte-Look endgültig in der Versenkung verschwindet. Das sind ja Outfits wie aus dem Lager!

Dekolleté und Brosche ist hier die Antwort. Kostüme, Kleider, sportliche Jacken und Mäntel – und bitte nie so eng, dass sich der BH abzeichnet und der Muttispeck am Rücken und den Oberarmen vorquillt. Dann trennt Sie wirklich nur noch ein ganz kleiner Schritt von der Kittelschürze.

Ach, und Hüte, die sollten Sie wirklich für sich entdecken – ein Jungbrunnen für unsere 50+-Gesichter und der natürliche Feind der Friseurbranche.

Was ist eigentlich aus dem guten, alten Kopftuch geworden? Trägt das wirklich nur noch die Queen?

7. Auf der faulen Haut

Das ist wirklich die ultimative Todsünde im Regelwerk des »Wie halte ich mich fit«-Spektrums. Einfach den Hammer fallen lassen, keine Kalorien mehr zählen, nur noch rumsitzen und alles konsumieren, was man sich früher verkniffen hat. Ganz nach dem Motto: »Jetzt kommt es auch nicht mehr drauf an.«

Sehr unsexy. Um sich so gut wie möglich zu fühlen und gesund zu bleiben, sind ein angemessener Wissensstand in Ernährungskunde und eine gewisse Kontrolle in Sachen Nutrition Ehrensache. Auch Ihr Energieumsatz verändert sich nämlich, und es sollte zur Selbstverständlichkeit werden, Ihre Essgewohnheiten entsprechend zu sensibilisieren. Ohne sich dabei auch nur das Geringste zu versagen, natürlich! Nichts ist ja deprimierender als ökologisch korrekte, unerlöste, asketische, fahle Gesichter, die im Leben alles gemieden haben, was sinnlich ist und Spaß macht. Spezialisieren bedeutet: sich Leckerbissen gönnen. Und ob es nun Nordic Walking oder Kegeln ist, Schwimmen oder Bridge, setzen Sie sich um Himmels willen in Bewegung! Vom Tanzkurs will ich hier gar nicht sprechen, das wäre ja der Olymp. Wenn Sie wirklich nur noch im Schaukelstuhl sitzen wollen, dann kaufen Sie sich wenigstens einen Hund. Das halte ich sowieso für das Beste, in jedem Alter. Meiner wird ein Mops!

8. Zeigt her eure Füße

Hier gilt es nun wirklich in die Verantwortung zu gehen, denn unsere Füße, die dieses 50+-Kraftwerk ein Leben lang getragen haben, verdienen das absolute Luxuspflegeprogramm. Sie haben es sich redlich verdient, dass man ihnen einen Lebensabend in Würde bereitet und sie verwöhnt. Ich würde eher einen Nebenjob annehmen und irgendwo putzen gehen, bevor ich auf meine Pediküre verzichte! Und auch hier ist unsere Generation wieder mal privilegiert, denn es gibt ja wohl nichts Cooleres als diese Home-Spas für 60 Euro aus der Haushaltsabteilung, mit denen man sich das perfekte Wellness-Feeling nach Hause holen kann. So wie ich als kleines Mädchen mit dem Kaufmannsladen spielte, so komme ich mir jetzt vor, wenn ich mir mein hauseigenes Spa aufbaue. Haben Sie schon diese Pediküre-Schleifgeräte mit den Bohrern und Feilen entdeckt? Das ist ja wie der Black-&-Decker-Handwerkskasten für die Füße. Keine Entschuldigung mehr für verhornte Fersen und rissige Fußsohlen. Und das Nonplusultra ist natürlich die Fußmassage mit Reflexzonentherapie. Wenn Sie es sich wirklich gutgehen lassen wollen, dann gönnen Sie sich das. So lernt man schweben.

9. Oben hui, unten pfui?

Ich würde mal sagen, diese Sachen wie Thong, String, Tanga – also alles, was nicht größer als ein Handteller ist –, überlassen Sie anderen. Mal muss auch Schluss sein mit gewissen Dingen. Und alles, was aus drei Bindfäden und einem Zwickel besteht, hat im Leben für uns seine Schuldigkeit getan. Wenn Sie es gar nicht lassen können, dann aber bitte von guter Qualität. Keine Tigermuster in Lila und Silber, Vorsicht bei Reizwäsche und Strapsen, gefährlich, gefährlich, gefährlich! Kann sooo schnell ins Auge gehen. Und wenn sich das erst rumspricht, was soll ich sagen?

Sie wissen es doch selbst: mit gepflegten Füßen, einer tadellosen Maniküre und Pediküre, properer Unterwäsche aus schöner Spitze und von hochwertiger Qualität ist und bleibt jede Frau ein Leckerbissen. Diese Dinge sollten Sie niemals aufgeben. Das verstehe ich unter der Würde des Alters. Und erlauben Sie mir an dieser Stelle eine Randbemerkung zu neckischen Tattoos: Wenn, dann bitte als Motiv Ihre persönliche Rentenversicherungs-ID! So weiß man immer, wohin mit Ihnen, falls man Sie mal irgendwo aufgreift. Es vereinfacht den Entsorgungsprozess ungemein!

BOTOX? DA MUSS ICH LACHEN, WENN ICH KÖNNTE …

Es gibt einen sehr guten Grund, warum der liebe Gott Männer früher sterben lässt als Frauen: Die Frau lebt länger, weil sie es verdient!

Aber je mehr Zeit einem gegeben ist, desto mehr Gelegenheiten haben wir, unser langes, langes Leben zu zelebrieren. Stellen Sie sich nur mal vor, morgen wären Sie tot! Wem würden Sie auf der Stelle sagen wollen, dass Sie ihn lieben, was würden Sie *stante pede* nachholen wollen? Und was würden Sie zutiefst bereuen? Sie sind aber nicht tot, das Buch werden Sie garantiert auslesen können, ohne vorher aus den Latschen zu kippen, und auch danach werden Ihnen noch Jahrzehnte vergönnt sein. Deshalb verjüngen Sie sich zuerst im Kopf! Machen Sie das Fenster auf und übergeben Sie alles an belastenden Botschaften, Emotionen, Gefühlen, negativen Erfahrungen und schlechten Beziehungen dem Wind! Denn die Zeit, die uns bleibt, sollten wir bewusst steuern und ohne uns von hemmenden Blockaden einengen zu lassen.

Im Leben jeder Frau kommt irgendwann der Moment, wo sie ihre äußere Schönheit der inneren anpassen muss. Wenn wir in den Spiegel schauen und denken:»Jetzt helfen nur noch radikale Gegenmaßnahmen!«, dann haben wir Frauen der Babyboomer-Generation derart vielfältige technologische Neuerungen zur Auswahl, von denen unsere eigenen Mütter nicht einmal zu träumen wagten.

Was ist schon eine Gurkenmaske, was eine Ladung Heilerde oder eine Mischung aus natürlich entgiftenden Kräutern gegen das erfolgreichste Beautyprodukt aller Zeiten? Ein Produkt, das keine Advertisements in Print oder TV benötigt, dessen Gebrauch kaum eine Konsumentin zugeben wird und das seinen weltweiten Umsatz von geschätzten fünf Milliarden Euro pro Jahr einzig und allein der Mundpropaganda verdankt: Botox!

Ja, man darf spekulieren, dass es kaum noch eine Frau gibt, die gut aussieht und es nicht benutzt. Eigentlich geht es mittlerweile einher mit dem Besuch bei der Kosmetikerin. Will sagen, wer auf sich achtet und das Beste aus sich macht, kommt irgendwann in die Situation, wo er gesagt kriegt:»Versuchen Sie's doch mal!« Kein Drogendealer der Welt verkauft ein Päckchen Koks und sagt:»Schaut euch die alten Junkies an, so werdet ihr auch enden, wenn ihr angefixt seid«, nein, der erste Joint ist immer gratis. Er wird einem angedreht. Und Botox ist DIE Einstiegsdroge der Cosmetic Surgery.

Die jährliche Zuwachsrate von Fettabsaugung liegt nach meinen Schätzungen bei 90 Prozent. Und danach kann man immer noch gut und gerne von sich behaupten: Ich würde mich nie operieren lassen! Denn schließlich handelt es sich bei diesen brachialen Behandlungsmethoden nicht um OPs, sondern lediglich um »Eingriffe«. Aber wer sich ab 40+ im stilvollen Ambiente und nicht in Erwachsenenwindeln erleben will, wird zunehmend zu immer radikaleren Methoden greifen müssen.

Das Produkt Botulinumtoxin (zu Deutsch: »Wurstgift«) ist ein tödliches Nervengift, das vor allem in verdorbener Wurst vorkommt. So was kommt nicht unbedingt gut an als Marketingstrategie. Aber da die Dosierung in geringen Mengen lediglich zu Lähmungen der Nervenbahnen und Muskelfasern führt, wurde es als Lokalanästhetikum eingesetzt und kam schließlich zu Weltruhm durch die angenehmste Nebenwirkung aller Zeiten: Faltenfreiheit! So eine kometenhafte Karriere, wie Botox sie hingelegt hat, kann nur ein Produkt machen, das an bestehende Menschheitsträume andockt. Denn Botox erfüllt in der richtigen Dosierung den Traum von ewiger Jugend, den wir durch die Forever-Young-Vorlagen der Hollywood-Ikonen vermittelt bekommen.

Ich habe neulich mal auf Ibiza Kylie Minogue erleben dürfen. In Fleisch und Blut. Falls man es so nennen darf. Sie ist weder menschlich noch lebendig. Aber sie ist erstaunlich. Ganz erstaunlich sogar. Sie hat etwas absolut Überirdisches. Wie eine kleine, weiße Hexe mit einem viel zu großen Kopf aus einer Computeranimation, deren Proportionen sich erst auf einer begrenzten Leinwand so richtig entfalten. Sie wirkt wie ein fleischgewordener Comic Strip. Würde man den eingefrorenen Walt Disney wieder auftauen, könnte er sofort Kylie Minogue daten.

Wenn man seinem Körper all das antun will, bitte schön, aber man muss dann eben auch mit den Konsequenzen klarkommen. Gut, Kylie hat ein Imperium geschaffen und gute Gründe, sich zum Horst zu machen, aber wieso muss sich die Hausfrau von nebenan so abrasieren, absaugen, abtöten und lahmlegen lassen? Klar, Älterwerden stresst – aber leben müssen wie eine Computeranimation stresst noch mehr! Wenn doch nur die gemeine Hausfrau solchen Hochglanzvorlagen nicht nacheifern würde und wenn doch nur die Erwartungen an das Aussehen von Frauen nicht so gigantisch wären! Wir Mädels sind ja nur dann mit uns selbst zufrieden, wenn wir nichts unversucht gelassen haben und den Vergleich mit Medienstars nicht scheuen müssen. Die Kraterlandschaft eines Clint Eastwood hat dagegen sogar noch verwegen-rustikalen Appeal. Sein Gesicht ist durchfurcht wie der Grand Canyon, aber alle Kerle wollen so aussehen wie er. Faltenfreiheit wäre das Ende seiner Karriere.

Doch in dieser Krux steckt auch unser Vorteil. Letztlich triumphieren wieder die Frauen, denn sobald Kosmetik- und Schönheitsindustrie ins Spiel kommen, begeben wir uns auf Terrain, auf dem Männer wenig Erfahrung haben. Kosmetik gilt bei den Kerlen immer noch als schwul. Nägelfeilen, Feuchtigkeitsampullen, Wellness, Gesichtsmaske, das ist was für Weicheier! Die Typen genieren sich nicht, in den Puff zu gehen, aber der Gang zur Kosmetikerin ist ein Tabu. Klar, dass die Frau ab fünfzig hier auf der Überholspur ist. Und welcher Mann kann schon echte von falschen Nägeln, Wimpern oder Brüsten unterscheiden? Hauptsache, die Alte sieht geil aus, lautet doch die Devise. Und dubioser Ingredienzen wie Stutenmilch, Lotionen aus dem Mittelstrahl oder Masken aus Frischzellen (die nichts anderes sind als die Nachgeburt frisch entbundener Lämmer) bediente sich sogar schon Cleopatra.

Blond auf dem Kopf zu sein bedeutet heutzutage schon lange nicht mehr, auch im Kopf blond zu sein. Und deshalb fallen wir auf die Vorstellung, dass alles Glück nur auf Äußerlichkeiten beruht, auch gar nicht rein. Aber wir wollen uns in unserer Haut wohl fühlen. Es ist eine Frage des Selbstvertrauens. Denn wenn man sich attraktiver fühlt, bügelt das Lächeln, mit dem man auftritt, erst recht die Jahre aus dem Gesicht. Sind wir uns doch einig, oder? Wird jede Frau, die einigermaßen bei Trost ist, unterschreiben. Sehen Sie: Frauen leben nicht nur länger, sondern Frauen altern auch schöner.

Aber leider, leider, leider versuchen einige Frauen ab vierzig oder fünfzig mit aller Gewalt ein anderes Wesen aus sich zu machen. Immer wieder begebe ich mich auf Partys und erkenne nach ein paar Jahren gar nicht mehr, wer vor mir steht. Bei manchen Frauen müsste man den Fingerabdruck nehmen, um die Identität nachzuweisen.

In den USA ist es für eine attraktive Frau in der Mitte des Lebens völlig normal, eine lila Pille für gute Laune zu schlucken, das Gesicht mit Botox so zu paralysieren, dass sie bei der Suche nach ihren Pillen nicht mal mehr die Stirn sorgenvoll in Falten legen kann, und Slipeinlagen zu verwenden, die so niedlich und klein und rosa und verspielt aussehen, dass man sie eigentlich knuddeln möchte wie ein Haustier. Miss-Kitty-Slipeinlagen! Ahhh, wie süüüüüß!

Leider nur wird der Mann, in dessen Armen diese Frau liegt, nicht mehr wissen, ob ihr Gemütszustand überrascht, schockiert, neugierig, traurig, glücklich oder frisch gespritzt ist. Die Welt ist ja mittlerweile voll mit Paaren, bei denen man annehmen könnte, der Mann habe eine Kontaktanzeige in der Irrenanstalt ausgehängt. Faltenfreiheit schenkt nun mal in keinster Weise Jugendlichkeit.

Ob man schnippelt oder spritzt, um Problemzonen auszumerzen, ist schon mal eine Grundsatzentscheidung. Wer einmal angefixt ist, wird am Ende garantiert beides tun. Und die Spritzerei ist der Beginn einer lebenslangen Liebesbeziehung zu kleinen, feinen Nadeln, die uns per Hyaluronsäure, Collagen und immer neuen Fillern von trüben Schatten, Fältchen, Dellen und Narben befreien.

Die Resultate können beim Spritzen aber genauso verheerend sein wie beim Schnippeln. Denn immer wenn etwas injiziert wird, handelt es sich um die Aufpolsterung erschlafften Gewebes. Gedealt wird also mit Füllmaterialien. Wie in der Baustoffbranche. Ich habe Kolleginnen, deren Kopfumfang sich im Laufe der Jahre beinahe verdoppelt hat, weil so viel Polstermaterialien untergespritzt worden sind. Das ist wie bei einem zusammengekrachten, alten Sessel. Die Sitzfläche hängt jetzt zwar nicht mehr durch und der Bezugsstoff schlägt keine Falten mehr, aber das Volumen erscheint massiver. Als hätte er an Umfang gewonnen. Er muss erst wieder plattgesessen werden und in sich zusammensacken, um zur gewohnten Proportion zurückzufinden.

Im Laufe der Jahre bildet sich durch all das Collagen auf einem dünnen, faltigen Hals ein aufgequollener Kürbiskopf.

Hyaluronunterspritzungen mögen den Gewebeverlust um Augen und Mundpartie künstlich unterfüttern, aber die Kundin bekommt auch etwas Kaulquappenhaftes. Man ist dann eben eine faltenfreie Kaulquappe. Aber wer sich vorher so faltig wie E. T. gefühlt hat, der darf nachher mit Fug und Recht behaupten, dass der Schönheitsdoktor ganze Arbeit geleistet hat. Man hat nun nicht mehr den Charme eines Außerirdischen, dafür aber den einer lila Kuh!

Und nach der Rundumerneuerung bleibt nur noch der Gang zum Frauenarzt zwecks Hormontherapie und Östrogenersatz. Bitte, wer sich als chemisches Schlachtschiff besser fühlt ... Aber wenn die Wirbelsäule gekrümmt ist, die Stimme gebrochen und der Gang schleppend, dann wird man Sie trotzdem nicht einen Tag jünger schätzen. Im Gegenteil! Sie sehen sogar noch älter aus, weil nämlich alle Teile Ihres Körpers, die Ihrem echten Alter entsprechen, umso krasser hervortreten, wenn das Gesicht aalglatt ist.

Einige meiner Kolleginnen kamen frisch gespritzt und hergerichtet, hochgepumpt und aufgeplustert wie ein Auerhahn aus dem Urlaub zurück – und ich stellte fest, sie sahen leider älter aus. Weil nämlich die glatte Stirn und Wangenpartie im Verhältnis zu den Krähenfüßen und Tränensäcken unter den Augen nun erst recht wie ein Kontrastprogramm wirkten. Bei einigen Exemplaren glaubte man wirklich, die Schnittvorlage des Chirurgen wäre ein abstrakter Picasso gewesen.

Andererseits sehen viele meiner Freundinnen, die auf solche Injektionen verzichten, für ihr Alter fabelhaft aus. Immerhin benötigt man ja für das volle Programm zwei Dinge, die nicht jeder hat: Geld und Mut! Ansonsten muss man eben Gaffa Tape oder doppelseitigen Teppichkleber nehmen. Ich finde, dieses Wunderklebeband ist eine Weltmacht. Gaffa Tape hat eine glänzende, faserige, dunkle Vorderseite – und die Rückseite hält das Universum zusammen. Also auch meine Mimik. Ein wenig davon an den Haaransatz geklebt, die Haut zurückgezogen, die Frisur drüber gestylt, und schon teilen Sie ein Geheimnis mit Marlene Dietrich und Joan Collins. Billig und wirkungsvoll, cheap & chic sozusagen. Und Sie können Ihre Hautstraffung immer dem Alter anpassen. Anfangs einfach ein paar Millimeter beiseite ziehen, in Ihren Achtzigern dann am Hinterkopf einen Knoten machen und den Dutt drüber. Fertig! Das ist natürlich das hausgemachte Lifting für die Mutlosen und Armen. Aber feige Hausfrauen haben ja auch ein Recht auf Faltenfreiheit, oder?

Sie können natürlich auch Gesichtspartien im Schlaf mit quer geklebten Tesafilmstreifen ruhigstellen – so wie es früher die Hollywoodstars laut Vertrag tun mussten. Die Idee dahinter ist, die Faltenbildung von vornherein zu unterbinden. Achten Sie mal drauf, wie die Stars der vierziger Jahre im Prinzip gar nicht das Gesicht bewegen und nur zwischen einem verträumt inhaltslosen Blick in mittlere Distanz, Nähe und weite Ferne unterscheiden. Der Rest wird durch Filmschnitt, Licht und Musik erledigt. Vielleicht hier und da mal eine einzelne Glyzerinträne, die malerisch zum C-Moll-Akkord herunterkullert. Die Botox-Schauspielkunst einer Nicole Kidman ist nur die Fortsetzung dieser klassischen Hollywoodtechnik, die wiederum so alt ist wie die Filmindustrie selbst.

Bei der ganzen Botoxidee steckt der Teufel ja mal wieder im Detail. Wer einmal Blut geleckt hat, wird immer weiter in die Welt der Beautydrogen hineinrutschen, denn proportional zu den vermeintlichen Komplimenten und Erfolgen wächst die Angst, dass die Welt eines Tages unser wahres Ich in der Form eines Monsters wiederentdecken wird.

Ist Ihnen diese nette Anekdote von Anouschka Renzi bekannt? Man munkelt, es sei nur ein Gerücht, aber was wären Gerüchte, wenn sie nicht der Verbreitung dienten? Sie ging eines Morgens ungeschminkt und ganz sie selbst zum Schrippenholen. Schrippe meets Schrippe sozusagen. Es war nicht einer ihrer besten Tage. Die vertrocknete alte Schrippe traf also zufällig einen alten Freund aus Hollywood. Genaugenommen war es gar kein Freund, sondern es war dramatischerweise ein renommierter Kameramann. Den sie dann nachweislich ignorierte und übersah. Einen halben Tag später aber rief sie ihn an und säuselte: »Stell dir mal vor, meine Zwillingsschwester hat mir erzählt, sie hat dich heute Morgen beim Bäcker gesehen!« Auch das ein etablierter Trick aus Kalifornien: die hässliche Zwillingsschwester als doppelte Identität – falls man an schlechten Tagen per Zufall gesehen wird.

Das Gefühl ist uns ja vom Klassentreffen vertraut: Man selbst hat ein Leben lang den 20-Euro-Strohhut in der Sonne getragen und haufenweise Sunblocker konsumiert – und dann kommt die alte Sitznachbarin auf einen zu, die ihr Leben in Fernost verbracht hat. Sie hatte eine tolle Zeit, aber sie sieht aus wie 75. Gegerbt, pigmentiert, zerfurcht und abgeledert. Braun wie Leni Riefenstahl. Tja, die Hautalterung ist eben ein Teil der Atomphysik! Es gibt inzwischen ja auch öffentliche Advokaten für Botox! Fürsprecherinnen, die schlaue Dinge sagen, wie zum Beispiel Vanessa Williams, Cindy Crawford, Jane Fonda oder Jamie Lee Curtis.»Alle Frauen sollten mit ihrem Dermatologen einen Zukunftsplan erstellen, in welchem Zeitrahmen sie welche Menge des Botulinumtoxins konsumieren können, um ihre Mimik für den Beruf der Schauspielerin am Leben zu halten.« Das ist der Tenor dieser Botox-Pionierinnen. Sie hauchen ihre Pro-Nervengift-Parolen auf Pressekonferenzen durch eine winzige, gespitzte Mundöffnung, die lieber »Konfitüre« als »Marmelade« sagt.

Noch in den achtziger Jahren, als wir 50+-Frauen gerade mal dreißig waren, wurde kosmetische Chirurgie als so bizarr betrachtet, dass sie Karrieren ruinieren konnte. Die ersten aufgeblasenen Lippen von Goldie Hawn haben medial nahezu die Erfolge von Bette Midler aus den Schlagzeilen verdrängt. Was für unschuldige Zeiten, die guten alten 80er. Inzwischen ist es Standard, dass eine Schauspielerin wie eine Wachspuppe aus dem Kabinett von Madame Tussaud aussieht, andernfalls taugt sie nur noch als Zweitbesetzung für eine Nebenrolle bei den Golden Girls.

Brooke Shields, Jenny McCarthy, Lauren Hutton, Melanie Griffith, Angelina Jolie, Sarah Jessica Parker, Jay Leno, Anja Kruse, sie alle hasten von der Mikrodermabrasion zur Entgiftung, von der Botoxspritze zu den Hyaluroninjektionen. Hut ab, denn sie haben immerhin das Rückgrat, daraus kein Geheimnis zu machen. In Deutschland tragen prominente Altersgenossinnen dagegen das große L der Lüge auf die Stirn mit sich herum, wenn sie ihre glatten Gesichter guten Genen, dem Sonnenhut, Ananas und drei Litern Wasser täglich zuschreiben.

»Sex and the City«-Star Kim Cattrall dagegen steht hundertprozentig zu ihren regelmäßigen Botoxanwendungen, die zyklisch gesehen an die Stelle ihrer Periode getreten sind. Alle drei Monate eine kleine Dosis lautet das Geheimrezept. Es ist in den USA längst kein Stigma mehr, sich spritzen zu lassen. Und man kann davon ausgehen, dass wir in Deutschland dann vielleicht auch in zwanzig Jahren das Niveau erreicht haben, zu unseren Anwendungen zu stehen.

Solange wie möglich so jung wie möglich auszusehen, damit man die Miete bezahlen kann, das ist Gott sei Dank einer schmalen Schicht vorbehalten. Die Frage ist: Wollen Sie sich das antun, wenn Sie es gar nicht nötig haben? Warum nicht derartige Stuckateurarbeiten denjenigen überlassen, die mit ihrem Gesicht ihr Brot verdienen – und Millionen abräumen? Würde man in meinem Metier alle in die Ferien schicken, die Botox gespritzt haben, dann liefe im Fernsehen überhaupt kein Programm mehr.

Natürlich finden auch Patienten, die nicht in der Öffentlichkeit stehen, stets eine gute Entschuldigung für ihre Botoxspritze: Kann ja sein, dass Sie Ihre Beförderung längst verdient haben und es nur deshalb nicht klappt, weil Sie so aussehen, als bräuchten Sie regelmäßige kleine Nickerchen, um der Verantwortung der Chefetage gewachsen zu sein. Vielleicht haben Sie sich auch über Ihren Ex so geärgert, dass sich der Schriftzug seines Namens bei Ihnen in die

Stirn eingraviert hat. Oder Sie stellen erschrocken fest, dass Sie morgen schon dreißig werden und etwa genauso alt aussehen, wie Sie sind? Ich bin sicher, Sie werden eine gute Entschuldigung finden.

Aber wo soll das alles hinführen, wenn es so weitergeht? Was blüht uns, wenn wir neunzig sind? Kommt dann ein Onkel Dr. Schönheitsquacksalber und verdrahtet unsere Haut am Hinterkopf mit einem Transmitter und irgendwelchen Elektroden? Immerhin könnten Stromstöße gewisse Muskelzuckungen bewirken, und so wird man vielleicht in Zukunft erreichen, dass der Gesichtsausdruck wie mit einer Playstation-Fernbedienung animiert werden kann. Glücklich, traurig, überrascht, neugierig. In der Zukunft wird so etwas vielleicht nicht mal als Grausamkeit gelten, denn die Gesichter werden durch die Lieblingskombination der Spaßgesellschaft – Botulinumtoxin und Kokain – so paralysiert sein, dass sämtliche Empfindungen ausgemerzt sind. Wo kein Schmerz ist, ist keine Qual. Und durch das ausgeklügelte Fernsteuerungssystem wäre eine Karriere nicht mal mehr durch Trunkenheit, Müdigkeit, Suchtverhalten oder Tod bedroht.

Schon heute verdienen ja eine Menge Schauspielerinnen verdammt viel Geld mit ihrer Bandbreite des Ausdrucksrepertoires von A bis B. Und Protagonistinnen wie Nicole Kidman, Meg Ryan oder Demi Moore kommen sogar mit einem einzigen Gesichtsausdruck über die Runden.

Warum kann denn unsere Gesellschaft nicht akzeptieren, dass Frauen altern?

Irgendwann werden die Weiber rumlaufen und als Mantel die Haut einer anderen tragen. Eine Regung des Zweifelns zu zeigen oder die Augenbrauen anzuheben – das bedeutet dann bereits das lebensbedrohende Risiko, so etwas Gefährliches wie die Zornesfalte zu vertiefen! Wir riskieren etwas, wenn wir unserer Mimik freien Lauf lassen. Wollen wir da wirklich landen? Wo soll das alles enden? O. K., wenn unser Hintern sich auf die Reise gen Süden macht, sollte man anderweitig aktiv werden. Zum Beispiel sportlich oder geistig.

Und zu geistiger Fitness gehört eben auch, Herr seiner Sinne zu sein, wenn es um die Wahl des Arztes geht. Neuerdings holen sich Kolleginnen von mir ihre Botoxspritzen sogar schon beim Zahnarzt! Und für die Nasenoperation gehen sie nicht selten zum HNO-Doktor. Der Gynäkologe macht den Busen und der Proktologe legt die Ohren an. Die Schönheitschirurgie ist ein einziger Gemischtwarenladen geworden. Ich würde gerne mal wissen, wo Leute, die sich beim Zahnarzt Botox spritzen lassen, eigentlich ihre Zähne machen lassen? Beim Orthopäden? Oder von einer Teenager-Hinterhofkosmetikerin, die auch Tattoos und Acryl-Nägel macht, oder was?

Botox funktioniert, um faltenfrei zu werden – man muss dann nur eben auf andere Dinge verzichten. Essen und Sprechen zum Beispiel. Regelmäßige Botoxinjektionen sollte man daher eher seiner Seele verpassen. Das hält den Blick klar und das Auge jung und frisch. Auch Kaugummikauen ist übrigens ein Hilfsmittel für jugendliches Aussehen. Die Kaumuskulatur trainiert automatisch die Wangenbäckchen, die Augen- und Kinnpartie.

Wer nicht altern will, sollte sich wirklich einfrieren lassen. Ich meine rundum, denn eingefroren sind die Gesichter der Hollywood-Diven ja eh schon, auch wenn der Rest des Körpers noch in Bewegung bleibt. Menschen, die dauerhaft Botox injizieren, sehen aus, als würden ihre Gesichter glänzen wie Speckschwarten. Die Haut ist so prall, dünn und gespannt, dass sie zu zerplatzen droht. Wie ein Luftballon kurz vorm Explodieren.

Und was nützt mir eine Botoxbehandlung heute, wenn die Wirkung im Laufe der Jahre die Stirn absacken lässt, so dass langfristig ein Stirnlifting fällig wird? Denn bei zu viel Botoxanwendungen erschlafft die Stirnmuskulatur dermaßen, dass sich das Oberlid wie ein Schleier übers Auge legt. Das ist der Karl-Dall-Effekt. Klar, man könnte davon ablenken, indem man sich die Brüste weiter auseinandersetzen lässt. Quasi parallel und in direkter Linie zu den Augen, die im Lauf der Jahre durch diverse Liftings immer näher an die Ohren ranrücken werden. Bei so entarteten Proportionen wird dann natürlich auch eine Lippenvolumenauffüllung fällig, bis irgendwann die Nase dran glauben muss, weil sie zum Rest der umgebauten Visage überhaupt nicht mehr passt. Aber für Vollblutprofis, die all diese Anschluss-OPs der Einstiegsdroge Botox folgen lassen, bedeutet eine umgebaute Visage vielleicht auch die Chance auf den langersehnten Fachwechsel: Sie können vorsprechen beim Casting für Shrek!

Fazit: Wenn ich mir den Horror ansehe, der von zu viel und falsch angewendetem Botox ausgeht, dann sage ich mir: »Danke, lieber Gott, dass ich dank meiner öligen Haut zwar immer mal wieder einen ordinären Pickel, aber dafür nur ein paar Augenfalten kriege und mein Gesicht noch jede Menge zu erzählen hat!«

BOTOX ODER PARTY?

Ich würde natürlich niemals über Dinge schreiben, von denen ich nicht betroffen bin. Und eine Autorin, die über kosmetische Eingriffe schreibt, ohne selbst daran genippt zu haben, sollte sich lieber auf Sience Fiction spezialisieren. Nein, ich selbst habe unter vollstem Körpereinsatz meine diesbezüglichen Erfahrungen gesammelt – und dabei mit meiner Visage gehaftet.

Aber ich habe meine Prozedur ganz gewiss nicht auf einer dieser dubiosen Botoxpartys vollzogen. Es gibt nämlich Dinge, die ich nicht gleichzeitig mit dem Feiern einer Party erledige: Tupperdosen einkaufen zum Beispiel oder mir die Unterschiede von Kerzen mit der Duftnote »French Vanilla« und »Plain Vanilla« erklären lassen. Dass man mir aber gar Nadeln ins Gesicht piekst und gleichzeitig glauben machen will, ich feiere eine Party, ist wirklich nicht das, was ich mir unter einem gelungenen gesellschaftlichen Leben vorstelle.

Wer also fest entschlossen ist, sich unter die Nadel zu

begeben, dem sei hier ein knappes Regelwerk an die Hand gegeben.

Außerdem: Wenn ich auf die Attraktivität und Schönheit meiner Leserinnen Einfluss nehmen kann, indem ich über meine Erfahrungen mit Botox schreibe, dann kann ich alle Sitzungen beim Botoxdoktor als Fortbildung und Recherche abschreiben! Profitieren nennt sich das. Eine Win-win-Situation für beide Seiten. Gott, würde ich jetzt lachen, wenn ich könnte.

Hier nun zu den Fragen, die der Leserschaft auf den Lippen brennen:

1. Tut es weh?

Ja, ein bisschen. Zwar nicht ganz so sehr, wie wenn man sich ein 9 Pfund schweres Baby rauspresst, aber in etwa so, wie wenn man beim Herumhopsen auf eine Reißzwecke springt. Sagen wir, wenn Sie sich regelmäßig Ihre Bikinizone im brasilianischen Stil wachsen lassen, dann dürften Sie mit den Injektionen keinerlei Probleme haben. Am besten wäre eigentlich, Sie lassen beides gleichzeitig erledigen, das hätte dann den Effekt von zwei verschiedenen Schmerzarten, die sich gegenseitig aufheben.

Kennen Sie das Gefühl, wenn man so starke Migräne hat, dass man mit dem Kopf durch eine Fensterscheibe springen will? Oder sich mit der Schere die Haut an den Armen zerschneiden möchte, weil einem aus Kummer das Herz blutet?

Dann wird Botox Sie nicht mehr schrecken.

2. Wann tritt das Resultat ein?

Ich hatte einen ziemlichen Bluterguss unterm Auge, aber ich bin auch alabasterblass und bekomme wahnsinnig schnell Hämatome. Gewöhnlich sind meine Beine nie frei von blauen Flecken. Aber ich habe festgestellt, wenn ich im Sommer luxuriöse, goldene Bräune besitze, fallen diese Stellen viel weniger auf. Man kann sie auch gut abdecken. Als am dritten Tag aber die blauen Flecken gelblich wurden und verblassten, waren Zornesfalte und Krähenfuß deutlich gemindert. Als ich dann tags darauf den Mann meines Lebens fragte, ob ihm eine Veränderung auffiele, gratulierte er mir zu meiner neuen Frisur. Klar, mein Haar liegt ja auch jeden Tag anders.

3. Stimmt es, dass die Gesichtsmuskulatur erlahmt?

Nein, Mimik und Gesichtsmuskultur bleiben erhalten – man ist so ausdrucksstark wie ein Gummibaum, der im Büro immer mal wieder in eine andere Ecke geschoben wird, in der Hoffnung, dass er dort anders wirkt.

Wer frisch gebotoxt lacht, wird außerdem schneller müde, weil es praktisch für die Muskeln denselben Krafteinsatz erfordert wie eine Trainingseinheit beim Gewichtheben. Ein Lachen kostet Ihre Augenbrauen die Kraft von zwanzig Sit-ups. Und Ihre Mundwinkel werden glauben, sie wären einen Marathon gelaufen. Das Zusammenkneifen der Augen (weil Sie beim Lesen von Verträgen aus Eitelkeit auf

Ihre Lesehilfe verzichten) wird ein solcher Kraftakt sein, dass Sie in Kürze beim Optiker einen Termin machen werden, um sich endlich eine solide Gleitsichtbrille erstellen zu lassen. Gegen Ihre Altersleseschwäche. Das ist doch wieder ein weiterer Schritt zum Erwachsenwerden.

4. Wie fühlt man sich in den Tagen nach der Botoxspritze?

Erst mal ein bisschen gelähmt. Die Wirkung stellt sich nach circa zwei Tagen ein, bis dahin hat man Rötungen an den Einstichstellen und kommt sich etwas aufgeblasen vor. Als ich nach Hause ging, hatte ich das Gefühl, ich würde meinen Kopf in einer Schubkarre vor mir herfahren – aber ansonsten war alles ganz normal.

5. Hilft Botox wirklich?

In meinem Fall schon. Ich sehe aus, als wäre ich genau drei Jahre jünger. Wenn ich mir dann noch einen Pferdeschwanz binde und ein Schleifchen hinters Ohr stecke, könnte man mich sogar für drei Jahre und elf Monate jünger halten. Nun passt allerdings mein Doppelkinn nicht mehr zum Gesamtbild. Ich habe versucht, es mit strammen Bürstenstrichen und einem sehr, sehr streng gefassten Zopfband nach hinten wegzubinden, aber weil das nicht funktioniert, werde ich es mir demnächst absaugen lassen müssen.

6. Wie oft muss man Botox nachlegen?

Das wirklich Tolle ist, dass aufgrund der Muskelerlahmung die Anwendungen immer seltener nötig werden. Dieser positive Effekt tritt nach circa 18 Monaten ein und bedeutet für die Botox-Kundschaft so etwas wie Goldstatus. Sie sind dann praktisch Vielfliegerin und erhalten ein Sektchen aufs Haus. Das funktioniert mit regelmäßigem Botoxtraining genauso wie in der Hundeschule. Irgendwann werden Stirn, Augen und Wangenmuskulatur unabhängig von ihrem Herrchen und wissen ganz von selbst, wo sie zu sitzen und zu liegen haben.

7. Was kostet Botox?

Sehr unterschiedlich: je nachdem, ob die Ampulle mit anderen geteilt wird oder ob es Ihre eigene ist. Und je nachdem, wie viel Einstiche Sie erhalten. 12 Piekser werden zwischen 500 und 900 Euro kosten, denn manchmal legt der Arzt auch noch an geheimen Stellen was anderes nach, ich denke jetzt an den nasiolabalen Bereich. Wer das anfangs alle drei Monate erledigt, hat am Ende einen Familienurlaub verspritzt. Also mindestens 2000 Euro muss Ihr Sparschwein hergeben. Verzichten Sie dann eben auf ein Paar Manolo-Blahnik-Schuhe oder kaufen Sie erst mal nur eine halbe Hermès-Tasche. Ja, auch wenn man nicht mehr blinzeln oder lächeln kann, die Fähigkeit zu rechnen verliert sich durch Botox nicht. Sie können natürlich auch Ihr Kabelfernsehen abmelden oder auf einen Mittelklassewagen umsteigen, so macht sich die Investition in eine immobile Visage am wenigsten finanziell bemerkbar.

8. Würden Sie es wieder machen, Frau Nick?

Ganz ehrlich, ich bin mir nicht sicher. Ich hoffe ganz einfach, dass sich mein Gesicht gut benimmt. Ich habe im Allgemeinen eine hohe Auffassungsgabe und bin sehr anpassungsfähig, daher gehe ich davon aus, dass mein Gesicht nach dem einmaligen Experiment begriffen hat, was ihm blüht, wenn es nicht Haltung bewahrt.

Vielleicht kann man Faltenbildung auch stoppen, indem man Beauty-Motivations-CDs anhört. Diese sollte man in Endlosschleife laufen lassen, während man schläft, damit sie Eingang ins Unterbewusstsein finden und wir dann auch tagsüber mit Selbstüberzeugung das wiedergeben können, was uns nachts eingeimpft wurde: »Ich bin faltenfrei und schön, meine Gesichtszüge sind entspannt und jugendlich. Außerdem spreche ich fließend Spanisch.«

9. Hatten Sie Schuldgefühle nach der Behandlung?

Nein! Ich arbeite mir den Arsch ab, um ein schönes Leben zu haben, und halte meinen Körper durch Pilates-Training für die Bühne fit, also warum sollte mein Gesicht in Ruhe gelassen werden? Ich habe auch schon versucht, Yoga und Stretching mit der Zunge zu machen, aber seit den Botoxanwendungen geht mein Mund ja nicht mehr auf.

10. Kann man dasselbe Resultat nicht auch anders erreichen?

Ja, natürlich, mit Paketklebeband zum Beispiel. Oder, wie gesagt, mit meinem Wundermittel Gaffa Tape. Man sollte sich dann aber in die Hände eines Klebestreifenprofis begeben. Und die haben inzwischen auch einen stolzen Preis. Bei einem hausgemachten Lifting ist es am praktischsten, wenn Sie sich den Kopf kahlscheren. Dann haftet das Klebeband nachhaltiger. Außerdem sparen Sie als Perückenträgerin eine Menge Friseurkosten. Fragen Sie Mireille Mathieu. Apropos: Französisch spreche ich momentan viel lieber als Deutsch. Da muss man zum Sprechen nur die Lippen spitzen.

Sehen Sie, nun wissen Sie alles, was Sie über Botox nie zu fragen wagten. Ich würde meinen Text gerne noch mal inhaltlich überprüfen, muss aber als frischgebackenes Botox-Testimonial darauf verzichten, weil ich meine Augen nach erfolgter Straffung nicht mehr zusammenkneifen kann und meine Lesebrille aufgrund des Miniliftings meiner Ohren nicht aufgesetzt werden darf. Ich arbeite deshalb zurzeit mit Omas altem Schnapp-Monokel. Ich weiß, so ein Accessoire macht alt, aber dafür bin ich faltenfrei!

BIN ICH VINTAGE?

Als ich in meinen Zwanzigern war, habe ich es geliebt, mich im Stile der Vierziger zu kleiden. Und das war in London in den Siebzigern! ABBA-Look mit Trompetenhosen, Häkel-kleidern, Fransenjacken und glänzenden Rayon-Blusen waren das langweilige Alltagsbild, der 08/15-Look, den alle trugen. Jeder rannte so rum.

Ich nicht. Da ich weder Lamm noch Schaf bin, suchte ich etwas Individuelles. Das Geld war knapp und London teuer. Also entdeckte ich »thrift shops«. Ich trug Vintageklamot-ten, bevor irgendjemand wusste, was das eigentlich ist. Ir-gendetwas zwischen Flohmarktklamotten und Jumble Sale.

Böse Zungen könnten die Liebhaberinnen dieser ausrangier-ten alten Pleureusen, die keiner mehr haben will, auch Lum-pensammlerinnen nennen. Natürlich auf hohem Niveau.

Schon vor dreißig Jahren habe ich einsame Tage damit verbracht, mich auf der Suche nach der einzigen richtigen Pudelbrosche durch Läden mit antiker Spitze und Cocktail-kleidern aus den Dreißigern sowie den Tausenden Ständen

des Camden Market durchzuarbeiten. Ich kam im eng tail-
lierten Tweedkostüm, die anderen rannten wie Twiggy rum.
Meine Freunde fanden es schrill. Meine Feinde fanden es
lächerlich. Meine Mutter fand es grotesk. Und alle, die damals über mich gelacht haben, müssen nun erleben, wie
genau die abgefahrene Mode ihrer Jugend, die Massenware
der Siebziger also, als Vintage verkloppt wird.

Aber wie bitte schön kann denn etwas als Vintage gelten,
was NICHT älter ist als ich? Wenn meine Trompetenhose
Vintage ist, bin ich es dann auch? Antik können doch nur
Dinge sein, die es schon lange vor meiner Zeit gab. Andererseits: Bei Automobilen gilt ein Fahrzeug schon nach dreißig
Jahren als Vintage. Welch ein Glück, dass ich nicht als Käfer
zur Welt gekommen bin – ich wäre ja dann heute ein Old-
timer!

Welcher Freak hat überhaupt diesen Vintage-Boom zu
verantworten? Und wie alt ist der Typ selber? War die Erfinderin dieses Kategorisierungssystems eine frustrierte alte
Frau? Oder ein cleverer junger Geschäftsmann aus L. A.?
Die Leute, die das erfunden haben, handeln mit Träumen,
mit Flair und dem Spirit vergangener Zeiten. Wenn Teenager, die theoretisch meine Enkel sein könnten, in den Batik-
hemden und Hot Pants der sechziger Jahre rumrennen und
diese fünfzig Jahre alten Lumpen als »Vintage« bezeichnen,
gehöre ich dann selbst auch auf den Trödelmarkt?

Ich nehme das ernst mit dieser Frage! Und wissen Sie, was
die traurige Antwort ist? Antik ist ein Möbelstück nach
hundert Jahren, aber ein Teppich bereits nach fünfzig! Ich
habe das extra nachgeschlagen in den offiziellen Klassifizie-

rungen des Antiquitätenhandels. Was heißt das nun: Will ich lieber eine junge Fußmatte sein oder ein alter Aubusson? Wir Frauen dürfen ab 50+ mal wieder zwischen Pest und Cholera wählen. Frauen, Autos, Teppiche – alles nachweislich Oldies ab fünfzig aufwärts. Andererseits: Wer ein Diamant ist, strahlt durch zeitlose Schönheit.

Aber warum abschweifen, wenn wir doch ein wenig bei der Vintage-Philosophie verweilen wollten, um uns selbst exakt zu positionieren: Als ich neulich auf der Suche nach einem hochwertigen Damensmoking für eine Motto-Party auf Ibiza durch Second-Hand-Läden schlenderte, klärte mich eine magersüchtige Azubiziege in Jeans Größe 00 mit einer Stimme, die dem Kratzen von Kreide auf der Schultafel entsprach, naseweis darüber auf, dass der Glam-Rock-Look der Neunziger heutzutage bereits als Vintage gelte. Für eine Generation, die heute 25 Jahre jung ist, stellt Mode der neunziger Jahre bereits antikes Milieu dar! Unsere Zeit ist so schnelllebig geworden, dass man nach zwanzig Jahren bereits ein Retro-Modell ist. Krass, oder?

Und ich verstehe den Anspruch dieser Kiddies sogar: Denn der Appeal, der in den Augen der Jugend etwas als Vintage erscheinen lässt, repräsentiert den Stil aus einer anderen Ära. Und das tun wir mit unseren 50+ auch. Da könnte man natürlich auch 35 sein und täte es bereits. Man gerät in Schwulitäten, wenn man festlegen will, wodurch exakt sich Vintage auszeichnet. Vintage, Altern und Schönheit – da gibt es so viele Parallelen, dass selbst Kulturhistoriker in Konflikt über die richtige Definition geraten.

Denn ohne Zweifel liegt der Maßstab dafür, ob etwas

schön, alt, Schrott, Müll, antik oder Vintage ist, vor allem im Auge des Betrachters. Darüber hinaus erteilen wir mit der schmeichelnden Bewertung »Vintage« das Prädikat für eine limitierte Auflage besonderer Objekte, denen wir Sammlerwert beimessen. Wäre es nicht Vintage, dann wären es vielleicht nur Lumpen. Humana-Mode für den Müllsack. All das eben, was wir sonst in die Altkleidertonne kloppen.

Wenn wir aber etwas zu Vintage erheben, dann handelt es sich um ungewöhnliche Exemplare einer Stilepoche, die durch typische Designmerkmale der Kollektion einen speziellen Look verliehen haben. Wahre Vintage-Exemplare strahlen ein Flair aus, das bereits in der Vergangenheit diese Teile zu begehrten Objekten machte. Und dieser Reiz ist nicht verblasst. Es handelt sich um Design, das die Zeiten überdauert hat und – statt alt – zum Klassiker geworden ist. Da steigert das Alter sogar den Wert.

Wobei natürlich minderwertige Ware mit zunehmendem Alter zerfällt, die Fasson verliert und immer wertloser wird. Das ist wie mit Frauen! Nur weil irgendetwas über den Jordan ist, wird es noch längst nicht zur Antiquität. Qualität schimmert eben immer durch. Stil hat kein Verfallsdatum. Das erlebt man ja bei alten Damen. Einmal Lady, immer Lady. Vintage kommt nicht »auf alt gemacht« als Fake daher – Vintage ist alt! Ein Relikt vergangener Tage und genau deshalb umschwärmt und begehrt. In so was muss man sich doch verlieben, oder?

Ein verblichenes, mottenzerfressenes Wollkleid im Tigerlook von C&A aus den Achtzigern ist ein Fummel, der, wenn er auf die Altkleidersack-Rotes-Kreuz-Weltreise geht, bestenfalls in der Dritten Welt als Outfit zu Ehren kommt. Er wird niemals Furore machen. Vielleicht am ehesten in einer modernen Theaterinszenierung, deren Kostümbildner das Ensemble bei Humana einkleidet. Aber die Kostümierung der Darsteller entspricht dann eben dem Arbeitermilieu.

Ein Purist aus der Vintagewelt wird dagegen mit dem ganzen Stolz eines Fashion Victims erklären, dass alles, was aus den letzten zwanzig Jahren stammt, immer noch zeitgenössisch ist. Jung also. Somit kein Vintage.

Aber soll es mich nun trösten, dass ich eine Ausstrahlung habe, die sich mit den albernen Klamotten der sechziger und siebziger Jahre, die den Anspruch erhoben haben, Mode zu sein, vergleichen lässt? Ist mein Marktwert in den Augen junger Leute vergleichbar mit dem eines alten Flokatis? Ich finde diese Narrenkostüme der siebziger Jahre einfach nur scheußlich und weise diskret darauf hin, dass es Showkostüme von Entertainern gewesen sind, die da heute als Relikte dieser Zeit auf dem Vintage-Markt begehrt sind. Meine Freundin Madonna, 50+, ist genau meiner Meinung. »Vintage is before my lifetime«, sagte sie erst letztens, als wir in L. A. Shabby-Chic-Möbel auf dem Trödel suchten.

Ich fühle mich übrigens durch diese Kategorisierungen kein bisschen älter – sondern geehrt. Ich selbst stehe für Shabby Chic und integriere angeschlagenes Porzellan geschickt in meinen Lifestyle. Man könnte sich also vielleicht darauf einigen zu sagen: Vintage ist alles, was seit zwanzig Jahren out ist. Und wenn Sie mich fragen, verrät Vintage weitaus mehr über den geistigen Horizont und Zustand der Person, die es trägt, als über die Ära, aus der es stammt. Das ist wie mit den Mitmenschen. Ab einem gewissen Alter hat man so viele Leute getroffen, dass einen jeder, den man kennenlernt, an irgendjemanden erinnert, den man schon kennt. Wäre es da nicht ein Kompromiss zu sagen, dass Vintage eine Mischung aus hochwertiger Qualität und Reife ist? Vintage hat zu Recht seine spezielle Nische. So wie die Leute, die es tragen. Vintage ist nicht für jedermann. Vintage ist immer ein Original, hat Charme und Flair.

Aber wie sehr ich mich auch für Vintage erwärmen kann, so kehre ich trotzdem noch mal zum Konzept des Weines zurück, um Ihnen präzise zu erklären, wie die 50+-Generation heute ihren Standpunkt bestimmen sollte. Ich habe mich nämlich wissenschaftlich kundig gemacht und kann nun mit der kulturhistorisch traurigen Nachricht aufwarten, dass das Wort »Vintage« prinzipiell nur im Zusammenhang mit altem Wein in korrekter Terminologie angewandt wird. Das Etikett VINTAGE gibt es unter Kellermeistern nur für Portweinflaschen. Und die müssen es sich erst mal verdienen!

Das Schöne auf dem Weg zur Weisheit ist, dass man mit der Zeit die Wahrheit hinter all dem Tand und Schein der Oberfläche herausfindet. Und so hat meine ernsthafte Recherche zu der Frage, ob ich denn nun eine alte Vintageschachtel bin, mich menschlich mal wieder weit nach vorne gebracht. Sicher, meine Neugierde, ob ich eher Gestell oder Gerümpel bin, entspringt der nackten Zukunftsangst. Wann wird man mich auf dem Sperrmüll entsorgen? Oder darf ich doch noch in einem Antiquitätenlager als Kuriosität ungestört vor mich hin modern?

Aber die Antwort schenkt mir Jahre des Lebens, denn ich fand doch tatsächlich heraus, dass die Bezeichnung VINTAGE gar nichts mit dem Alter zu tun hat, sondern eine Auszeichnung für die besondere Spitzenqualität edelster Weinsorten bedeutet. Etwas Besseres als das Vintage-Prädikat kann man sich als Rebe gar nicht erarbeiten. Überdurchschnittliche Jahrgänge erhalten das Label VINTAGE als Hinweis auf die hochwertigen Veredelungsverfahren während des Produktionsprozesses.

Nur eine Traube, die einer spektakulär günstigen Saison entstammt, wird es zum Spitzenjahrgang bringen. Klima, Boden, Hanglage – alles vom Feinsten! Selbst der Winzer hat gut ausgesehen. Und die Traube wurde liebevoll gepflückt und mit achtsamer Hand ins Henkelkörbchen gelegt. Vielleicht hat auch jemand im Weinstock dann und wann ein Liedchen gesungen. Einer Vintagetraube ist nie etwas Böses zugestoßen. Sie steht für das Feinste vom Feinsten. Jeder Mundschenk gerät ins Schwärmen, wenn es um das Aroma eines typischen Portweins geht.

Und nach der Produktion will ein Vintage-Port auch entsprechend seines Wertes als Kostbarkeit präsentiert werden. Das sind dann die teuren Flaschen, die auf der Tafel im Sterlingsilberkörbchen liegen bleiben dürfen. Kein Wunder – denn ein Port wird erst nach 15 Jahren Lagerung trinkreif. Dieser Wein steht praktisch nie wieder auf. Sein Schicksal besiegelt sich liegend – so soll es ja auch Frauen geben, die in horizontaler Lage große Geschäfte machen. Auch die Form des Portweinglases ist deutlich kleiner als die eines üblichen Weinkelchs. Und die Öffnung sollte sich nach oben hin leicht zur Tulpenform verengen, damit die Nase die olfaktorischen Reize gebündelter und somit die Geschmacksnoten intensiver aufnehmen kann. Zylindrische oder konische Öffnungen sind weniger gut geeignet. Ein Sommelier unterscheidet beim Vintage-Port zwischen unterschiedlichen Süßegraden: süß, halbtrocken, trocken, sehr trocken.

Ja, die Babyboomer sind nun mal der Spitzenjahrgang unter uns Mädels. Weder Blattlaus noch Schadstoffbefall ausgesetzt, reiften auch wir zur Spitzenmarke ohne muffigen Nachgeschmack. Wir schmecken im besten Falle blumig, pfirsichartig und wärmend im Abgang. Die strengen Kriterien eines makellosen Reifungsprozesses machten uns zu dem, was wir heute sind. Meine Generation entstammt allerbesten saisonalen Bedingungen. Wirtschaftswunder, Hippies, sexuelle Emanzipation, Farbfernsehen, Rock'n'Roll, die Beatles, Disco-Ära, Michael Jackson, Globalisierung, H&M, Tangas, American Nails und Extensions, Botox und iPhone.

Man hat uns abgefüllt, und einige von uns wurden sogar verschickt. Und unser Wertzuwachs definiert sich nun über den Reifungsprozess. Wie beim Port. Auch wir brauchen unsere Zeit. Man muss uns mit Sorgfalt behandeln und vor allem ruhen lassen. Achtsamkeit lautet die Devise. Nur dann kann die persönliche Note zur Entfaltung kommen. Bei richtiger Lagerung und Temperatur entwickeln sich einige von uns sogar zur Rarität. Und die gibt's nicht umsonst. Denn hochwertige Produkte dieser Art erfahren mit zunehmendem Alter eine enorme Wertsteigerung – egal, ob als Frau oder als Flasche.

Ich mag das. Sehr sogar. O. K., ich trage definitiv das Prädikat VINTAGE. Und ich trage es mit Stolz. Statt meines Bundesverdienstkreuzes.

Nennen Sie mich Retro, aber Sperrmüll, das bin ich nicht!

DIE DUFTORGEL ODER WOMIT SPRITZEN SIE SICH EIN?

Wechseljahre – wenn das nicht eine Einladung ist, den Partner zu wechseln! Die zweite Lebenshälfte ist geradezu eine Aufforderung zu korrigieren, was der Desillusionierung zum Opfer gefallen ist. Jetzt den Rotstift anzusetzen, das bewahrt Sie mindestens vor einer chronischen psychosomatischen Krankheit im Alter. Es gibt außerdem natürliche Produkte, die dem Sexualtrieb und der Libido einer Frau nach der Menopause wieder auf die Sprünge helfen. Ihre Bedürfnisse sind ja noch genauso da wie früher, sie müssen nur reanimiert, stimuliert und wieder an die Oberfläche geholt werden. Paare sollten sich auch mal wieder an so etwas wie Vorspiel erinnern. Es soll ja Leute geben, die auf alles Mögliche stehen, nur nicht auf Vorspiel.

Ich kenne aber auch Leute, die so desillusioniert sind, dass sie die Ehe als eine Art Zweckgemeinschaft betrachten! So was wie eine GmbH wahrscheinlich. Um Himmels willen, Zweckgemeinschaften geht man im Berufsleben ein, aber doch nicht privat! Gerade die Ehe sollte doch der Zu-

fluchtsort sein, wo man sich von den Zwangszweckgemein-
schaften des Berufslebens erholt und in Romantik, Sinn-
lichkeit und Liebe schwelgen darf.
Rüsten Sie also auf. Bringen Sie sich wieder in Form. Da
gibt es ein paar Hilfen, die Sie noch heute umsetzen können.
Machen Sie sich eine Liste. Und ganz oben kommen erst mal
Sie selbst:
Das fängt doch schon damit an, wie man duftet.
Womit spritzen Sie sich ein? Immer noch mit dem Alt-
weiberduft, der vielleicht mal ganz schräg wirkte, als Sie
Mitte zwanzig waren? Oder mit einer muffigen Lavendel-
holzduftnote mit einem Hauch Vanille aus den dreißiger
Jahren? Dann sollten Sie sich dringend weiterentwickeln.
Bodylotion für Ihre zur Trockenheit neigende Haut, samti-
ger Puder auf Ihrem Dekolleté, das neue Parfum hinterm
Ohrläppchen, da sage mir doch keiner mehr, eine Frau nach
der Menopause fände ihre Sinnlichkeit nicht wieder.

Denn lange bevor unsere Augen oder Ohren Sinneswahr-
nehmungen verarbeitet haben, werden wir schon von den
Informationen des Geruchssinns gesteuert! Er ist immer
eine »Nasenlänge« voraus. Kein anderer Sinn wirkt so
schnell, so indirekt und unmittelbar auf die Emotionen. Es
werden Entscheidungen im Bereich der Gefühlswelt getroffen, ohne dass die Beteiligten es überhaupt bemerken. Man
stimmt sich auf Sie ein, bevor Sie überhaupt um die Ecke
kommen.

Daher sollten Sie wissen, an welche Instinkte wir mit unserem persönlichen Geruch appellieren. Botschaften, die
wir über den Geruchssinn aufnehmen, gehören zu den sinn-

lichsten und archaischsten Stimulationen überhaupt. Sie dringen direkt ins Unterbewusstsein ein, wecken Erinnerungen oder locken an, bevor man sich überhaupt in die Augen geschaut hat. Mit einem Wohlgeruch KANN man nur gewinnen, schaden wird es keinesfalls.

Versteckte Düfte werden inzwischen sogar von Industriekonzernen zur Verkaufsförderung eingesetzt. Wie sieht es also aus mit unseren persönlichen Marketingmöglichkeiten? Lernen Sie die Kunst, den »Kunden« an der Nase herumzuführen. Denn ein einladender Duft ist eine Sinneswahrnehmung, gegen die sich niemand wehren kann. Wenn Lockstoffe ihre Wirkung tun, ist die Umwelt machtlos. Anders als visuelle oder akustische Reize wirkt der Geruchssinn nämlich auf das limbische System und leitet Informationen direkt an die Zentren, wo Erinnerungen und Gefühle gespeichert werden. Deshalb besitzen Düfte eine maximal manipulative Kraft. Die Benutzung von Parfum ist nichts anderes als Marketing in eigener Sache.

Die Nase ist nämlich niemals abschaltbar. Solange ein Mensch atmet, riecht er auch. Haben Sie schon mal darüber nachgedacht, wie Sie sich in eigener Sache olfaktorisch positionieren?

Der Punkt ist, dass Frauen über fünfzig leider nicht mehr so experimentierfreudig sind wie die eigenen Töchter und auch nur ungern mit ihren alten Gewohnheiten brechen. Dabei kann dies Wunder wirken. Klar, wir haben uns vor Jahrzehnten mal in eine Marke verliebt und identifizieren uns mit dem Flair eines gewissen Parfums. Für manche ist OPIUM von Yves Saint Laurent eben so etwas wie eine persönliche Signatur. Die Parfumindustrie hat aber in den letzten Jahrzehnten wahre Quantensprünge vollbracht. Und Duftstoffe von fruchtigem, frischem, leichtem, blumigem, purem Wohlgeruch haben die schweren, düsteren, pelzigen Noten verdrängt. Ich spreche hier bewusst von pudrigen »Alte-Damen-Parfums«. Zum Beispiel ironischerweise »Youth Dew«, Jugendtau, das meine Großmutter seit 1920 getragen hat. Auch Christian Diors »Poison« aus den Achtzigern erinnert mich immer irgendwie an Mottenkugeln. Man muss hier schon präzise bleiben: Ein pudriger Dufteindruck entsteht, wenn moosige, holzige, süße und kristalline Elemente zusammenwirken, die lange anhaften. So weiß ich noch genau, dass ich in den Siebzigern nur den Kleiderschrank meiner Mutter öffnen musste, um an sie erinnert zu werden.

Wahrscheinlich verwendete sie ein Parfum mit der Basisnote von Vanillearoma, was an den Geschmack von Muttermilch erinnert und damit an den ursprünglichsten, ersten und intensivsten Geruchseindruck des Menschen appelliert. Ein unterschwelliger Vanilleduft weckt Gefühle der Geborgenheit und des Vertrauens. Deshalb fand ich es immer tröstlich, den Kleiderschrank aufzumachen und an Mamas Sachen zu riechen, wenn sie auf Reisen war.

Meine Großmutter duftete anders. Bei sogenannten Oma-Parfums verflüchtigen sich nämlich die blumigen und frischen Anteile, so dass nur die muffigen Duftbausteine hängen bleiben. Damenhaft duften, nennt sich das … Aber die Herznote geht flöten! Was bleibt, ist die Kopfnote, das ist mir zu wenig!

Der arabische Markt mit seiner Kaufkraft hat außerdem

die schweren, dramatischen, orientalischen Merkmale des Fernen Ostens wiederbelebt. Animalische Düfte wie Moschus vermischt mit Zimt, Nelke und Weihrauch erinnern an die Gewürzbasare des Morgenlandes. Man nennt sie »schwül«. Böse Zungen sprechen sogar von »Nuttenparfums«.

Ja, man sollte wissen, an welche Instinkte man mit seinem persönlichen Geruch appellieren will. Morgentau und weiße Rosen, ein Hauch von Ahornholz, das liebe ich in meinem Schlafzimmer. Wenn Sie die richtigen Akzente setzen, komponieren Sie mit Ihren persönlichen Duftnoten in Küche, Bad, Salon ein ganzes Konzert! Spielen Sie auf Ihrer Duftorgel!

Damit können wir der Postmenopause schon mal ein Schnippchen schlagen. Es ist eine Frage des Lifestyles – und ich schwöre Ihnen, wenn Sie im Haus immer für frische Blumen sorgen und sich ab und zu noch eine exzellente Massage gönnen, dann schaffen Sie einen solch verführerischen Aggregatzustand um sich herum, dass Sie automatisch eine sinnliche Ausstrahlung haben werden. Dieses Programm kann sofort gestartet werden. Für kleines Geld! (Und wer dann immer noch nicht mit sich zufrieden ist, der sollte sich mal seine Zähne vorknöpfen, auch so ein Thema … Mund- und Zahnhygiene, ein Altersprojekt!)

Gegen den Kauf eines neuen Esszimmers stellt der Parfumflakon jedenfalls ein vergleichsweise schmerzfreies und schnelles Unterfangen dar. Aber das volle Programm wird Sie unwiderstehlich machen!

Und was hab ich Ihnen versprochen? Der Richtige kommt

sowieso erst nach 50+. Wahrscheinlich steckt der gute Mann bloß in Afrika fest und kommt zu Fuß! Das kann dauern! Aber gut Ding will ja Weile haben. Nicht, dass Sie dann am Ende nach einem Hotel, der Deutschen Bank, einem Möbelhaus, nach Media Markt oder Fernseher riechen. Steriles, reizarmes Milieu löst Fluchtverhalten aus. Da verhungern Herz und Seele. Laden Sie mit Ihrer Duftnote zum Verweilen ein. Dann bleiben Männer bis zum Mittagessen.

DER LETZTE SCHREI

MENOPAUSE III –
TRADITIONSPAARE IM WECHSEL

Männer bemerken ja eigentlich erst, dass sie in der Menopause sind, wenn es längst zu spät ist. Da war Mutter Natur wirklich ungerecht. Wir Frauen erhalten wenigstens eindeutige Hinweise für die Veränderungen in unserem Leben. Wenn die Periode ausbleibt, merkt ja wohl auch die dümmste Praline der Welt, welches Stündlein geschlagen hat. Und allein daran sieht man auch mal wieder, was rein biologisch zu den Wesensunterschieden zwischen Mann und Frau führt. Wenn wir keine Tampons mehr kaufen müssen, setzt die Natur für uns ein eindeutiges Zeichen. Bei Männern hingegen klingelt's erst, wenn sie keinen mehr hochkriegen. Und dann machen sie diese ganzen schrecklichen Sachen. Ich spreche von Harley fahren, Viagra, den Bangkok-Reisen, dem Selbstbräuner, den Haarwurzelverpflanzungen, Laserbehandlungen, Affären und der verspäteten Einmischung in die längst gelaufene Erziehung der Kinder. Dann wollen sie noch mal zeigen, wer Herr im Hause ist, und sich und das Leben neu erfinden. Dass sie menopausale Beschwerden haben, fällt ihnen nicht im Traume ein.

Woran sollten Männer auch erkennen können, dass sie in den Wechseljahren sind? Sie haben sich doch ihr ganzes Leben lang alles schöngeredet. Männer haben schon als Jugendliche trainiert, mit Krisen und Ausnahmesituationen gelassen klarzukommen und den wahren Status quo zu vertuschen. Wer mit elf Jahren ein Hexengemisch namens Testosteron ins System gepumpt bekommt, bis 21 mit den Exzessen der Pubertät zu kämpfen hat, die Adoleszenz als Jungbulle bis Mitte dreißig ausschlachtet und im Existenzkampf um Karriere, Familiengründung und Welteroberung sein Parallel-ICH entwickelt, der gleitet nach seinen Lehr- und Wanderjahren übergangslos in die Prä-Midlife-Crisis über. Er hat sich nämlich an den permanenten Ausnahmezustand so gewöhnt, dass die Krise der Menopause als normale Frequenz empfunden wird. Hitzewellen werden mit Adrenalinkicks verwechselt. Schlaflosigkeit wird als nächtlicher Energieschub gewertet. Graue Haare werden als äußeres Zeichen von Weisheit interpretiert – ein Grund mehr, von Untergebenen Respekt zu verlangen. Wüste Gesichtslandschaften werden als Spuren heldenhaft geschlagener Schlachten verstanden. Wampe und Doppelkinn verkauft man uns als Zeichen, dass unter der harten Schale eigentlich ein Knuddelteddy steckt, in dem »voll der Genießer« schlummert. Und die Glatze eines Mannes verklickert man uns als Solarplattform einer Sexbombe, die daraus ihre maximale Energiegewinnung bezieht.

Männer machen sich ein Leben lang etwas vor. Solange es

zu keinem Super-GAU kommt, kehren sie alles schön unter den Teppich. Das Aha-Erlebnis kommt erst, wenn alle Züge abgefahren sind. Die Frau dagegen teilt schon rein biologisch ihr Leben in klare Abschnitte ein. Und selbst im größten Chaos behalten Frauen den Überblick. Denn das Leben hat uns durch Beruf, Kinderbetreuung und Fürsorgeinstinkt enorme Anpassungsfähigkeit und Flexibilität verliehen. Wir tun zwar so, als wären wir hysterisch, wissen aber jederzeit ganz genau, wo wir stehen. Der aktuelle Aggregatzustand läuft bei Frauen im Hintergrund immer auf Hochtouren. Daran gewöhnt man sich als Frau genauso, wie die Männer sich daran gewöhnt haben, Fakten zu vertuschen.

Jedes junge Mädchen dreht aus Angst vor unerwünschter Schwangerschaft durch, wenn die Regel ausbleibt. Wenn sie aber kommt, drehen wir durch, weil wir PMS haben. Und meldet sich die Regel für immer ab, kriegen wir voll die Krise. Unser Körper bekommt Fieber, ich nenne es wie gesagt PTM, Persönliche Tropische Momente. Unsere Eierstöcke produzieren ja schon ab 35 immer weniger Östrogen. Langsam, ganz langsam stellt sich so das Regelwerk unseres Körpers auf die Menopause ein. Genauso wie wir die Heizung runterdrehen, wenn die Sonne ins Zimmer scheint, passt sich unser hormonelles Temperatursystem der Neuprogrammierung des Hypothalamus an. Die Funktionsdrüse stellt ihren Regler auf »Reset«. Da nicht mehr gebrütet wird, kann die Temperatur im Hühnerstall getrost gedrosselt werden. Mit der Meldung ans Hirn, dass die Fortpflanzungsinstrumente ihre Schuldigkeit getan haben, wird der Brutkasten quasi runtergefahren.

Deshalb altern ja auch Frauen so schnell, die Anfang zwanzig ihre Kinder kriegen. Hingegen wird biologisch gesehen der Körper einer Spätgebärenden noch mal auf Jung umgestellt. Kein Anti-Aging-Produkt wird jemals einen solchen Powershot an Essenzen zusammenbrauen können wie das Hochleistungskraftwerk einer Gebärenden. Eine Vierzigjährige, die entbindet, verjüngt sich innerlich. Denn die Sorge, Aktivität, Aufmerksamkeit und Agilität, die die Betreuung der Brut erfordert, bringen das ganze System auf Trab. Man verlängert seine Jugend, wenn man spät Kinder bekommt.

Wer dagegen mit dreißig schon drei Kinder hat, geht genau ab diesem Zeitpunkt hormonell aufs Altenteil. Familienplanung beendet, sagt sich der Hypothalamus, jetzt mach ich die Schotten dicht. Erstes Anzeichen: Es will nicht mehr so recht flutschen. Schmerzen beim Geschlechtsverkehr. Das sind dann die 35-jährigen gestressten Mütter dreier Kinder, die aussehen wie 45. Hatten nie eine Eigenleben, haben nie alleine gewohnt, gelebt, nie irgendetwas erobert, nie Vermögensaufbau betrieben, bestenfalls mal ein Jahr irgendwo gearbeitet (was bereits als Sensation hervorgehoben wird!), haben weder den Partner noch den Posten im Beruf erkämpft, es kam halt einfach einer, der plötzlich da war, und der Rest hat sich dann so ergeben. Und bei Engpässen springen immer wieder Eltern und Familie ein. Bloß keine Selbständigkeit und Autonomie.

Wer als Frau mit Anfang zwanzig einen Mann trifft, der 15 Jahre älter ist, weiß sehr genau, dass hier die Torschlusspanik, die Umstände und der konventionelle Wunsch, vor dem vierzigsten Geburtstag mit einer Familie vor Anker zu gehen, die Situation vorantreiben. Ein 38-jähriger Mann, der sich ein paar Jahre mit einer Zwanzigjährigen verlustiert hat, wird sich gesellschaftlich unter Druck gesetzt fühlen, wenn diese ihn mit Nestbauphantasien und zufälliger Schwangerschaft vor den Altar zerrt. »Noch mal von vorne anfangen, eine Neue kennenlernen, wo ich doch bald vierzig werde ... Oder diesen Geburtstag sogar alleine, ohne Family feiern, nein, so ein alter Kauz wollte ich nie werden«, sagt sich so ein Ritter in strahlender Rüstung – und macht Nägel mit Köpfen.

Da braucht man sich nicht wundern, wenn ER fünfzig wird und SIE 35 – und nach drei Kindern und 13 Jahren Ehealltag Glanz und Gloria versiegt sind. Das ist dann die Phase, in der beide die Ehe als »Zweckgemeinschaft« bezeichnen, um die gegenseitige Desillusionierung wenigstens soziologisch zu verteidigen.

Junge Frauen, die außerhalb der eigenen Generation heiraten, passen sich ja auch dem Alterslevel des Mannes an. Sie übernehmen dann ab dreißig den Habitus einer Fünfzigjährigen. Ausgehen oder Disco? Gestrichen, als das erste Kind mit Mitte zwanzig kam. Das ist das Projekt »Matrone«. Und hat der Mann erst eine heimliche Geliebte, dann ist das Ehe-Aus absehbar. Viele Männer führen ja ein Doppelleben, und die Angetraute merkt es nicht einmal. Weil sämtliche Antennen schon lange eingefahren sind und die schleichende Entfremdung dazu geführt hat, dass die Muttermatrone, bei der sich alles nur um die Kinder und die täglichen Pflichten dreht, ihren Mann gar nicht mehr spürt. Jeder hat

seine Aufgaben und die Ehe wird als intakt dargestellt, solange der routinierte Alltag irgendwie als Gerüst stehen
bleibt.

»Fremdgehen« kommt noch immer von »Entfremdung« –
das eine wäre ohne das andere auch gar nicht möglich. Und
während der Mann in der Mitte des Lebens auf »Bildungs-
reise« geht und die Jugendjahre verlängert, legt sich der Organismus der 35-jährigen Mutter schlafen. Da werden hormonell die Jalousien heruntergelassen.

Aber das dicke Ende kommt ja noch: Wenn SIE dann
nämlich 50+ ist und keine Tampons mehr braucht, wird sie
aussehen wie 65. Leider sind bei einer jungen Mutter die
Kinder aber aus dem Haus, wenn sie Ende vierzig ist. Und
dann kommt für eine Nur-Hausfrau das große klaffende
Nichts. Ein gigantisches schwarzes Loch. Nie einen Beruf
gehabt zu haben, nirgends mehr Fuß fassen zu können, weil
sich alles immer nur um Schularbeiten, Fahrdienste, Kin-
derkrankheiten, Geburtstagspartys, Mittagessen und
Dreckwäsche drehte … Als Glucke nicht mehr gebraucht
zu werden ist DIE Eintrittskarte in die große Depression!

Tja, und genau an diesem Punkt klopft bei solchen Le-
bensentwürfen die Menopause an die Tür. Das Elend ist
vorprogrammiert. Das sind Wechseljahre, die bitter zu-
schlagen werden. Verlust auf ganzer Linie. Kinder zeitgleich
weg mit der Periode. Ganz, ganz schlechtes Timing, sag ich
nur. Selbstwertgefühl als Frau gleich null. Was bleibt? Eine
»Zurück-in-den-Beruf«-Mutti, die sich als Azubi von 25-jäh-
rigen Vorgesetzten erklären lassen soll, wie die neue Telefo-
nanlage funktioniert? Will man sich mit fünfzig als gestan-

dene Hausfrau wirklich am Fotokopierer die Beine in den Bauch stehen?

Der Gatte, der einst »eine junge Frau« geheiratet hat, ist dann nämlich schon 65 und offiziell berentet. Das Drama, das sich anbahnt, ist das große Nirwana. Es wird kein Happy End geben. Die eine Menopause schrammt nämlich an der anderen vorbei. Niemals auf derselben Wellenlänge, immer schön konträr zur Lebensphase des Partners. Zwei Menschen, die sich von Krise zu Krise hangeln und deren Biorhythmen immer gegenläufig pulsieren.

Wenn jedoch ER sich eine Frau nimmt, die nicht seine Tochter, sondern seine Enkelin sein könnte, ist zumindest klargestellt, dass es um kostengünstige Krankenpflege statt Karaoke-Party geht, um Erbnachlass statt Erbauung, um Testament statt Tanzkurs und um Bettlägerigkeit statt Bettgeflüster. Opa hat bei einer vierzig Jahre jüngeren Frau die Menopause schon dreißig Jahre hinter sich und beglückt seine Partnerin nur noch mit Höhepunkten aus dem Anekdotenschatz.

Bei solchen Paaren kommen sich die Menopausen garantiert nicht in die Quere. Weder er noch sie werden die Wechseljahre des anderen auch nur ansatzweise streifen. Leider auch nicht den Spaß an aufpeitschender Popmusik und Alkoholunverträglichkeit. Leichter Kater und dicker Schädel, Steuererklärung immer noch nicht gemacht, Keller wieder nicht entrümpelt – an diese Art des Unbehagens erinnern sich Achtzigjährige fast mit einer gewissen Rührseligkeit.

Und vielleicht entdecken ja Paare, die durch Jahrzehnte

getrennt sind, statt Erotik dann Skat, Rommé, Doppelkopf oder Bridge. Spieleabende haben ja auch viel Schönes. Vielleicht reicht's sogar noch für Poker. Oder am besten: Sie kommen auf den Hund. Wenn ein Paar keine gemeinsamen Kinder mehr bekommen kann, ist das doch der beste Ersatz, um sich die Möbel zu ruinieren.

PUBERTÄT — HORMONKOLLER
DER ANDEREN ART

Seien Sie gewappnet. Wenn die Kinder im dunklen Tunnel der Pubertät eingeschlossen sind und verzweifelt gegen Wände rennen, wenn die Hormonschübe aus süßen, leckeren Babys charakterstarke Jugendliche und überlebensfähige Erwachsene mit Haaren unter den Achseln machen, dann sind Naturgewalten am Werk. Anders würde so was ja gar nicht funktionieren. Da passiert ja nun ein bisschen mehr, als wenn sich ein niedliches Küken aus der Eierschale herauspickt. Und damit dem Piepmatz einer sagt, jetzt fang mal endlich an und picke dich aus deiner schützenden Hülle ins feindliche Leben hinaus, wo dich die Massentierhaltung erwartet, muss auch erst mal ein Bollwerk an Hormonen verschossen werden.

Ich rate in jedem Fall, sich in der Pubertät nicht mit Mutter Natur anzulegen – sie wird uns Eltern zerquetschen wie eine Fliege an der Wand. Ja, ja, die Pubertät, sie fordert ihre Opfer!

Eins steht fest: Irgendwann ist man am Arsch! Man kann

der liebevollste, geduldigste, warmherzigste, verständnis-
vollste, großzügigste, klügste, lustigste und einfühlsamste
Mensch unter Gottes Sonne sein: Es wird nicht reichen!
Kinder müssen uns als den oder die Böse(n) sehen dürfen,
um sich gesund abzunabeln, da kommt keiner drum herum.
Wo sollen sie es sonst raushängen lassen, wenn nicht daheim, bei den eigenen Eltern? In der Schule sollen sie sich ja
auch zusammennehmen und funktionieren, also lasst sie
doch ihr privates Stimmungsbarometer in den eigenen vier
Wänden ausloten. Andere treiben sich am Bahnhof herum,
hauen von zu Hause ab, ballern Lehrer nieder und richten
Unfug auf ganz dreckigen Seiten im Worldwideweb an.
Also ein bisschen freche Schnauze daheim am Küchentisch,
da muss man durch. Sonntagspöbeleien und »Schmeckt
nicht«-Palaver einfach ignorieren!

Stattdessen lieber Solidarität zeigen: »Ja, bleib im Bett,
schlaf dich einfach aus. Schlafe vor für das lange, schwere
Leben, das dich erwartet. Die anderen da draußen lauern
schon auf Nachwuchs, der sich bescheißen lässt, den man
verarschen und über den Tisch ziehen kann, schlaf mal
schön, damit du Kraft sammelst, um denen allen eins auf
die Fresse zu hauen, wenn's drauf ankommt ...«

Warum als Erwachsener, Klügerer, Stärkerer in Opposi-
tion zur eigenen Brut gehen? Früher mussten wir ja auch die
Kacke abwischen und uns mit den Ausscheidungen der Kinder befassen. Und wir haben es gern getan. Wir sind als Eltern auch nicht dazu konzipiert, die beste Freundin zu sein.
Nein, wir tragen die Verantwortung. Und unsere Kinder
werden irgendwann machen, was sie wollen, verdammt

noch mal. Sie werden ganz bestimmt irgendwann nicht mehr auf uns hören. Sie werden alles selbst ausprobieren wollen – und das müssen sie auch. Es ist unserer Gattung angeboren. Wir sind ja keine Schafe.

Ausgerechnet aber wenn wir selber neu sind im Club der Gereiften und die Turbulenzen zwischen Partnerfindung und Klimawechsel zu bewältigen haben, wenn unser Kleid in Flammen steht, weil wir uns per Hitzewallung selbst in Brand gesteckt haben, werden uns die eigenen Kinder ertappen: Man steht vor dem 13-Jährigen, droht mit dem Finger, stemmt die Hände in die Hüften und spricht, wie die eigene Mutter es einst tat: »Weil ich es sage, wird das so gemacht! Basta!«

Ich habe mich öfter wie meine eigene Mutter reden hören, als ich es mir jemals hätte träumen lassen. Kinder strapazieren einen, wie man die eigenen Eltern strapaziert hat. Und in der Pubertät ist man mit seinem Latein am Ende. Kinder wissen dann einfach alles besser. Sie wissen mehr. Damit muss man flexibel umgehen. Und dass Kinder heutzutage besonders viel wissen, liegt an uns! Wir wollten doch, dass sie klug und schlau und behütet und informiert und vor allem: GEFÖRDERT werden.

Wir wollten alles GANZ ANDERS machen. Malkurse, musikalische Früherziehung, kreatives Theaterspiel, Sportverein, Vorlesen, Kasperletheater, Carl-Orff-Musiktherapie. Ponyhof, Reiterabzeichen! Fußballverein! Segelkurse ... Windsurfen! Das volle Programm. Wir haben alles GANZ ANDERS gemacht. Alles besser gemacht und dem Kind etwas geboten. Eine schöne Kindheit eben. Ich habe meinen

Sohn nicht bestraft, sondern ÜBERZEUGT! Ich habe es ihm ERKLÄRT. Und nun kriege ich die Quittung. Um Himmels willen, das Kind trifft plötzlich sogar eigene Entscheidungen. Das Kind analysiert mich, und am allerschlimmsten: ES INTERESSIERT SICH FÜR PSYCHOLOGIE!

Mein Eiapopeia-Weihnachten als Mami war endgültig vorbei, als es mal wieder am Flughafen hieß: Duty-Free-Shop! Dort wurde aber nicht nach Kickerheftchen und Toblerone gefragt, sondern nach Molton Brown Invigorating Suma Ginseng Bath & Shower Duschgel und Kiehl's Volumizing Hair Shampoo FOR MEN!!! Was tun? Dagegensteuern natürlich. Wie immer. Anstrengend auf Dauer! Ich steuere dagegen, seit er elf ist. Nach ein paar Jahren ermüdet so etwas.

Ich gab zu bedenken: »Das kannst du dir kaufen, wenn du erst mal dein eigenes Geld verdienst. Und guck mal hier, Shower Gel für 2,50 Euro. Außerdem gibt's das zu Hause auch, so was muss man nicht am Flughafen kaufen! Wir sind ja nicht auf der Flucht!«

Er antwortete: »Pflegeprodukte sind für mich das, was für dich Handtaschen sind!«

Tja, wie will man sein Kind auch zu Bescheidenheit erziehen, wenn am eigenen Arm die teure Tod's-Tasche baumelt?

Ich wollte also ein pädagogisches Zeichen setzen und brauste auf: »Verdien du erst mal dein eigenes Geld! Weißt du was? Wir holen uns für den Rückflug jeder ein neues Buch!«

»Ja, dann hol dir mal deine Frauenzeitschrift und spiel mit deiner Handtasche, ich geh rüber und sehe mir den neuen iPad an, den haben jetzt alle!«

Ich:»Die anderen Kinder interessieren mich aber nicht!«

Der herzige Bube:»Weißt du was, ich hab mir einen Finanzplan gemacht und kann es mir leisten, wenn ich 500 Zeitungen ausgetragen habe. Ins Kino geh ich dann auch nicht mehr, Mama, bitte! Das hat heute jeder!«

Da drehte ich völlig durch. Noch bevor ich den Mund aufmachen konnte, hörte ich die Stimme meiner Mutter in den Ohren und wollte gerade ausholen zur großen Predigt. Aber da stand mein Kleid auch schon in Flammen! In mir loderte es. Der Wunsch nach immer neuen Kommunikationsmitteln hatte alles kaputtgemacht. Meine ganze Erziehung, meine ganzen Werte, unsere Zukunft. Mir kamen die Tränen. Darüber, dass ich gescheitert bin mit meinen Werten, mit meinen pädagogischen Zielen, und darüber, dass er seine Enttäuschung so entspannt überspielte. Wozu das alles, wenn es am Ende doch nur darum geht, das zu haben, was die anderen haben? Ralph-Lauren-Badehosen, einen Pool im Keller, Lammfelljacken und in den Herbstferien nach Amerika.

Da stellt er sich ganz gelassen vor den Spiegel, checkt seinen Look, rückt sich die Kappe gerade und lacht.»Warum lachst du?«, fuhr ich ihn lodernd an.

»Weil es lustig ist«, sagte er,»weil es lustig ist, dich jetzt so zu sehen. Wie du dich nicht in der Gewalt hast, bloß weil ich in einem anderen sozialen Kontext aufgewachsen bin als du!«

Oh Scheiße! Er schlägt mich mit meinen eigenen Waffen! Und was ist aus mir geworden? Eine Replik der eigenen Eltern. Ein Echo. Wo ich doch ohnehin schon der Resonanzboden meiner Mutter bin.

Ich bin unangenehm berührt, dass mein Kind ausgerechnet MICH kopiert. Und nun ernte ich, was ich gesät habe. Das Problem ist nicht die versäumte Erziehung, das Problem sind wir. Warum staune ich eigentlich immer noch, dass mein Kind mir ähnelt? Es ist doch toll, dass er einen exquisiten Geschmack hat und sich den schönen Dingen des Lebens zuwendet. Aber ich finde es bei einem 13-Jährigen blasiert!

In der Pubertät, wenn die kritische Urteilsfähigkeit wächst, weil der Jugendliche mehr Erfahrungen sammelt und Einsichten in andere Lebenskonzepte gewinnt, werden Eltern realistischer wahrgenommen – und mit den eigenen Waffen geschlagen. Kill Your Idols – um zu wachsen. Den Kindern ist das scheißegal. Sie wollen keine Vernunftgründe hören, sie wollen Solidarität. Man muss ihnen ihre Verirrungen zugestehen und kann nicht damit rechnen, dass sie immer gerade die Erleuchtung haben, die man selbst jetzt gut gebrauchen könnte mit seinen 35 bis 55 Jahren!

Nun stand ich also da, und die Worte meiner Mutter drangen aus meinem Mund. Es ist ganz egal, wie die persönliche Situation in unserer Jugend ausgesehen hat. Wir erben von unseren Eltern das Beste und das Schlimmste. Man nimmt alles von ihnen an. Und wenn ich meinem Sohn zurufe: »Komm zurück, bleib davon weg!«, wird er irgendwann nicht mehr darauf hören. Kinder müssen auf ihre eigenen Fallen zusteuern, auch wenn der Chor aus Großeltern und

Eltern sie davon abhalten will. Wollen wir Mamasöhnchen, Heulsusen, Rockzipfelbabys, Nesthocker erziehen? Na also, dann macht gefälligst die Leinen los!

Wir Menschen müssen uns abnabeln und unseren eigenen Weg erkunden. So ist es nun mal. Wir müssen es aus eigener Anschauung erfahren, um fürs Leben zu lernen. Andererseits müssen Eltern, um Grenzen konsequent zu wahren, auch den Zorn der Kinder aufnehmen und ihn ertragen lernen. Denn man kann zuschauen, wie die Kinder in ein paar Fallen tappen – aber nicht in alle. Einige Schlaglöcher muss man schon versperren. Aber bitte nicht zum Stalker werden, immer hübsch im Hintergrund bleiben.

Das Leben innerhalb der hormonellen Umbruchphasen – sprich Pubertät und Wechseljahre – zu bewältigen und neu auszurichten, das kommt der Arbeit eines Piloten gleich: Wer falsch eingenordet ist und nur um 0,1 Grad danebenliegt, der weicht vom Kurs umso mehr ab, je weiter er fliegt. Am Ende landet man dann eben in Moskau statt in Paris. Dann stehen Eltern eines Tages einem Fremden im Bad gegenüber und können nicht begreifen, »was aus dem Jungen bloß geworden ist!«

Was ich wirklich in der Erziehung beobachtet habe, ist, dass es unseren Kindern scheißegal ist, wie schwer wir es selbst gehabt haben. Es bedeutet ihnen nicht das Geringste, dass wir bei Wind und Wetter 15 Kilometer zu Fuß zur Schule laufen mussten, mit zwölf Jahren Mittagessen gekocht und die eigenen Geschwister beaufsichtigt haben oder Blaubeeren und Pilze im Wald suchen mussten, um satt zu werden. Kinder wollen so was nicht wissen. Man muss den eigenen Ballast von ihnen fernhalten. Zu dem Mief unserer Vergangenheit werden sie erst recht keinen Bezug herstellen, wenn wir es ihnen abverlangen. Denn Kinder schauen nach vorne. Für sie gibt es nur das Morgen. Kinder leben nicht in der Vergangenheit. Sie sehen ihr Leben als Silberstreifen am Horizont.

Und davon können all die menopausalen Muttis nur lernen! Mensch, bin ich froh, dass ich meinen Sohn als Vorbild habe. Er ist toll! Er kam an meinem Geburtstag zur Welt, als ich vierzig wurde! Gibt es ein größeres Geschenk? Die meisten bekommen zum Vierzigsten eine Uhr oder eine Handtasche, ein paar Blumen oder einen Seidenschal. Vielleicht ein paar teure Schuhe. Manche sogar einen Pelzmantel, andere eine Urlaubsreise. Das habe ich mir alles inzwischen selbst gekauft. Aber mir schenkte der Herrgott zum vierzigsten Geburtstag ein lebendes, atmendes, menschliches, göttliches Wesen. Was die allerbesten Eigenschaften von Vater und Mutter vereint. Ein Kind der ganz großen Liebe! Und so sieht er auch aus. Man sieht ihm den Geist an, dem er entstammt!

Das alles geschah zu einer Zeit in meiner Karriere, als ich in den Mittelpunkt des Interesses rückte und gerade anfing, Geld zu verdienen. So hatte mein Sohn durch mich allein immer die nötige finanzielle Unterstützung. Und ich hätte meine Karriere nie ohne ihn gemacht. Ich schulde sie ihm. Er war mein Motor. Ohne ihn wäre mir manches egal gewesen. Nun konnte ich mir keine Bequemlichkeiten mehr erlauben. Ich musste Mutter und Vater zugleich sein. Damit ihm das Leben all das beschert, was ihm zusteht.

Biologie ist das Letzte, was einen zur Mutter macht. Wenn die DNA ihr Werk vollendet hat und die Brut erst rausgepresst ist, dann beginnt die Mutterschaft, die sich jenseits der Geburtsurkunde beweisen muss. Was eine gute Mutter ist, zeigt sich erst dann. Unsere Kinder sind unsere emotionale Visitenkarte. Das Milieu unseres Hauses und unserer Werte spiegelt sich schonungslos in ihnen wider. Sie brauchen mehr als Eltern, die in der Ehe eine Zweckgemeinschaft sehen. Kinder sind unser psychisches Röntgenbild.

Eines Tages wird mein Sohn mir hoffentlich schreiben: »Bitte, Mama, gib mir in deinem Brief wieder möglichst viele gute Ratschläge! Ich freue mich schon darauf und ich verspreche dir, ich werde keinen einzigen davon befolgen!«

Übrigens: Es ist nur teilweise wahr, dass Kinder den Wert des Geldes nicht begreifen. Ich halte das für Taktik. Sie kennen zwar nicht den Wert unseres Geldes, wenn wir gefälligst ein Pferd zu bezahlen haben. Aber des Wertes des Geldes, das ihnen gehört, und wenn es nur zwei Euro sind, dessen sind sie sich voll bewusst. Ja, ja, die Jugend von heute.

Und vergesst bitte eines nicht: Unsere Söhne sind die Männer von morgen! Zumindest stinkt meiner nicht, das hab ich schon mal geschafft!

WOLKENKUCKUCKSHEIM EINER
NUR-HAUSFRAU ODER TREUE FIKTIV

Nichts ist schlimmer als Menschen, die auch jenseits der dreißig, vierzig oder sogar fünfzig ihre eigene Realität scheuen wie der Teufel das Weihwasser. Denn Wahrheiten zu akzeptieren bedeutet, Verantwortung für die Zukunft zu übernehmen.

Wenn ich »Menschen« sage, meine ich leider mal wieder ausschließlich Männer, denn wir Frauen müssen spätestens ab dem Tag, an dem wir Mutter werden, weiter planen als bis zum nächsten Wochenende. Das klingt nach billiger biologischer Binsenweisheit, ist aber auch im 21. Jahrhundert immer noch so. Denn ab sofort muss die Frau wissen, wer die Wäsche wäscht, ob der Kühlschrank voll ist, ob das Kind genug Windeln im Schrank und einen passenden Sonnenhut hat.

Das klappt nur mit vorausschauendem Denken. Dass Blumen Wasser brauchen, fällt Männern hingegen erst ein, wenn die Palme im Büro verdorrt ist. Dann schreien sie die Sekretärin an, weil: Alles, was nicht klappt, ist natürlich ihre Schuld. Aber im Beruf wird man wenigstens noch für Demütigungen bezahlt. Zu Hause gibt's die gratis. Den Alltag jedoch mit Kindern plus Beruf und tagtäglicher Arbeit durchzustehen wird ohne weltmeisterschaftliche Logistik nicht klappen. So werden die bereits nur durch Kinderchauffieren, Hausarbeitenkontrolle, Erledigungen, Einkäufe und Bügelwäsche genervten Hausfrauen im Chaos ersticken, wenn nebenbei so was wie Karriere zu einem offiziellen Doppelleben führt. Ich kenne aber auch Nur-Hausfrauen, die sind schon überbelastet, weil das Kind morgens in den Kindergarten muss ... denn dieser bringt natürlich Kontakte, Veranstaltungen, Geburtstagspartys, Gummistiefel, Proviant, Regenjacken, aufgeschlagene Knie, Flötenunterricht, Schlagwerk und hässliche Bastelarbeiten mit sich. Die klumpigen Lehmarbeiten und Kleckereien aus Plakafarbe und Tusche wollen hochgelobt sein: »Hast du aber fein gemacht ...« – I love it!

Wer das einmal kapiert hat, der kennt die Tonart für die nächsten zehn Jahre.

Man kann es gar nicht oft und laut und deutlich genug sagen: Auch in unserer vermeintlich fortschrittlichen und gleichberechtigten Gesellschaft sind es die Frauen, die privat die größte Verantwortung tragen – und die meisten tragen sie mit Würde.

Es gibt aber auch das Modell Nur-Hausfrau, dessen Lebensinhalt die Kontrollfunktion und das Überwachungsprogramm des Mannes geworden ist. Neben dem Gluckentum natürlich. Frauen, die sich mangels anderweitiger Selbstverwirklichungsprojekte auf das Kinderbespaßungs-

und Klammerprogramm eingeschossen haben, machen den Gatten unmerklich zum Knecht. Das sind dann die Verhältnisse, wo der Papi zum Mittagessen nach Hause geordert wird, seinen Arbeitstag zu unterbrechen hat, auf dem Heimweg schnell noch Altglas entsorgt, und für den Abend eine Liste mit Sklavendiensten auferlegt bekommt, die er zu absolvieren hat. Um 19 Uhr sitzt die Familie am Tisch, die Kinder schieben nörgelnd den Teller weg und Papi darf dann noch die Küche aufräumen und abspülen. Weil es zu Hause eben nur klappt, wenn der Mann »mithilft«. Die Strategie der gestrengen »Hausfrau-und-Mutter« lautet nämlich: vom Deckhengst zum Hausmann. Und das wiederum würde der Mann mit weißer Weste niemals zugeben. Das Psychodrama wird als familiäres Glück getarnt.

Ein Leben zwischen Verpflichtungen, Zwängen, Routinen, Arztbesuchen, sinnlosen Telefonaten, Nachbarschaftsstreit, Familienkutsche und Elternbeirat ... in Schwarzweiß und auf Zelluloid hätte es alles, was ein Hitchcock-Film braucht.

Solche Männer müssen nämlich in Naturalien zahlen: Kinder vom Schwimmbad abholen, »den Kleinen« bespaßen, auf Geburtstagspartys den Clown geben – und alles, damit dieser Streifen »Die Familie kommt an erster Stelle« zu Ende gedreht werden kann. Freiheit war mal. Solche Männer können letztlich nur ausbrechen – weil die Partnerin ihnen ja jedes Recht auf Selbstbestimmung nimmt! Es ist ein verzweifeltes Gerangel um Macht und Dominanz in dem Kramladen, der sich Familienplanung nennt. Höhepunkte des Jahres sind dann die Familienurlaube, für deren

Finanzierung man sich krummgelegt hat. Skiurlaub und dann Türkei. Alles viel zu teuer, muss aber durchgezogen werden. Damit der Traum glaubhaft bleibt. Brauchen nur die, bei denen die Träume bereits durch Krücken gestützt werden müssen. Ein Leben in Kulissen ist das. Wir spielen Familie für Erwachsene. So tun, als ob man glücklich wäre ... Dabei prägen Desillusionierung und Lügen das Klima.

Man sollte sich spätestens jetzt einen Plan für »Aus der Traum« machen, denn in diesem Hamsterrad, das sich Happy Family nennt, reproduziert sich die Langeweile nur noch selbst. Warum? Weil gegen neue Einflüsse, Impulse und Aspekte ja angekämpft und der Partner systematisch überwacht und kontrolliert wird. Und der Mann sowieso weggesperrt. Da tobt die Eifersucht, wenn er in Freiheit des Weges zieht und sein Recht auf Selbstbestimmung wiedererlangen will: »Wir machen doch sonst auch immer alles gemeinsam!« Und von nun an besteht der Alltag aus nichts als Tyrannei! Das ist Griechisch und heißt Alleinherrschaft!

Ja, es gibt Biographien, die sind schnell zu Ende erzählt. Sie enden mit der Geburt des letzten Kindes. Bis dahin wurde das Lebensprogramm »Hund, Mann, Haus, drei Kinder, Familienurlaub« abgearbeitet. Und plötzlich wacht man auf und ist erst Mitte dreißig.

Sicher, es gibt Ausnahmen, bei denen Männer der Familie wirklich Großes zu bieten haben: Wachstum an allen Fronten, Aufstieg, Versetzungen aus beruflichen Gründen in immer neue Metropolen, Länder, Kontinente. Karrieren, die neue Menschen, Freunde, gesellschaftliche Verpflichtungen, Halligalli, Luxus, Ehrungen, Fremdsprachen und endlose Gratis-Cocktailpartys am Häppchenbüffet des Lebens beinhalten. Aber um dieses eine Prozent der Menschheit mache ich mir keine Sorgen. Die sitzen schon längst auf ihrer Yacht, in ihrer Finca auf Ibiza oder Mallorca oder besuchen ihre Kumpels zwischen Toskana und Côte d'Azur. Normalerweise nämlich bleiben Leute da, wo der Herrgott sie mal hingestellt hat. Im Reihenhaus, im Vorort, am Berghang, in der Altbauetage. Und wer Millionen verdient, wird mit Sicherheit Latifundien erwerben und Villen umbauen, da hat die Mutti dann zu tun. Und ist vorerst durch das »Ich shoppe, also bin ich«-Programm ruhiggestellt.

Aber welche Perspektive bietet sich, wenn wir im Mühlrad unserer eigenen Schranken festsitzen und Papis Taschen nichts mehr hergeben? Am schlimmsten sind nämlich die dran, deren Kinder studieren sollen und die für staatliche Beihilfen zu viel und für ein wirklich gutes Leben zu wenig haben. Da ist dann zwanzig Jahre lang Schmalhans Küchenmeister. In der Zeit wachsen dem Papi graue Haare und der Mutti ein Damenbart. Und jede denkende Frau wird spätestens mit Mitte dreißig aufwachen und sich fragen: »War's das jetzt?«

Die Gewissensfragen, die sich die gemeine Nur-Hausfrau in ihrer pittoresken Kleinstadt an diesem Punkt des Lebens stellen sollte, lauten: »Hält meine Ehe die Wahrheit überhaupt aus?« und »Würde ich als Frau die Wahrheit akzeptieren?« Wenn beide Antworten »Nein« lauten, dann erfüllen Sie alle Voraussetzungen, um Ihren Ehemann in ein dickes, fettes Doppelleben zu treiben. Er wird sich nämlich hüten, einer Ehefrau reinen Wein einzuschenken, die nicht die Fähigkeit besitzt, die Tatsachen zu verkraften. Merken sollte man sich nur eins: Männer verzichten niemals aus Liebe zur Familie auf eine andere Frau. Sie bauen sich eher ein gigantisches Netzwerk aus Verbündeten, Alibis und Mitwissern auf, aber sie opfern ihr Liebesglück und ihre Leidenschaft nicht der gestressten Hausfrau, die nach dem Motto »Zurück hoch 3« zu Hause mit dem Abendbrot wartet, ihn mit den Kindern erpresst und unter Druck setzt.

Ganz im Gegenteil. Der Mann strebt weg, je mehr die Mutti, die Haus und Hof bestellt, ihn halten will. Bedürfnisse ändern sich nun mal. Und wehe, es stellt sich bei einem der Partner der Wunsch nach Veränderung ein. Niemals würde ein Mann so etwas zugeben. Nicht nur, weil er prinzipiell Schwierigkeiten hat, drohende, diffuse Gefühle zu formulieren, sondern weil das Versprechen »treu bis ans Lebensende« lange gebrochen wurde, bevor überhaupt eine Affäre möglich wurde. Die Entfremdung setzte ein, als Mutti es am wenigsten ahnte. Wenn Nur-Hausfrauen fröhlich mit den Füßen wippend in der Sonne im Garten sitzen und sich die Erdbeertorte reinschaufeln, passieren die wirklich schlimmen Dinge. Das Unheil bahnt sich immer leise an. Denn nur weil ein Mann familiär etwas geschaffen hat, das er liebt und nicht verlieren will, heißt das noch lange nicht, dass er sein Leben »erfüllend« findet.

Oft bleibt ein Mann physisch bei Frau und Familie, obwohl er emotional schon lange den Abflug gemacht hat. Es gibt einen feinen Unterschied, ob man bei einem Partner verweilt, weil die gemeinsame Zeit noch Potential verspricht, oder weil man fürchtet, sonst nichts zu haben.

Frauen klammern sich an Männer oder an einen Lebensstil, obwohl sie längst nicht mehr glücklich sind, und spielen der Welt vor, dass alles beim Alten ist. Und Männer wissen nicht, wie sie sich mitteilen können. Sie halten den Ball flach und wollen zu Hause keine Spannungen. Beide Partner verstecken ihre wahren Gefühle unter Anspannungen, Feindseligkeiten oder innerer Abwesenheit. Sie gehen äußerlich der abgestumpften Routine nach, doch innerlich sind sie ganz woanders. Sie reden sich raus, weichen aus, lügen, gehen Kompromisse ein und warten ab. Und dann eines Tages macht es »Rrrummmms«! In der Regel ist es dann so, dass diese Beziehungen völlig unerwartet auseinanderbrechen. Und die Ehefrau erfährt es immer als Letzte.

Wie es zur Katastrophe kommen konnte, wird für das Umfeld und die Beteiligten gar nicht mehr nachvollziehbar sein. Es sind genau jene Fälle in der Nachbarschaft, wo es dann immer heißt: »Stell dir vor, DIE haben sich jetzt auch getrennt, dabei war das doch immer eine Musterehe!« Von der Fassade her vielleicht, aber dass dieses ganze Gebilde substanzlos über Jahre hinweg von innen her ausgehöhlt und nur auf dem kleinsten gemeinsamen Nenner aufrechterhalten wurde, das war den Partnern vielleicht nicht mal selbst bewusst. Sie haben es verdrängt und es unter Verpflichtungen, Terminen, Sklavendiensten und Knechtungen aller Art gar nicht erst zu einer echten Berührung kommen lassen. Köcheln auf kleiner Flamme.

Solange eine Partnerschaft die Wahrheit verkraftet und aushält, gibt es nämlich keinen Grund zur Lüge.

Hach ja, die Nur-Hausfrauen, die verlassen werden, haben wirklich die Arschkarte gezogen. Mann weg, Haus weg, Freundschaften weg, da kann das Schmerzensgeld nicht hoch genug sein. Aber es gibt noch eine beschissenere Lage: dito ohne Kohle! Sehr verbreitet. Angeschissen, belogen und betrogen, und das Ganze in Arm. Ich würde sagen, so ein All-Inclusive-Paket in Reich ist besser. Klar geht es hier nur noch um Nuancen des Elends, aber sich vom Ex-Mann aushalten zu lassen, das ist ja nun dank der Scheidungsreform nicht mehr möglich.

Seit der neuen Rechtsprechung ist die Ex-Frau jetzt die Letzte, die noch Geld kriegt. Seine neue kleine Familie geht vor, seine neuen kleinen Kinder gehen vor, der neu erworbene Hausstand kommt an erster Stelle. Eine lebenslängliche fette Unterhaltszahlung, nur weil Sie dreißig Jahre lang die Arztgattin repräsentiert haben, können Sie sich jetzt leider abschminken. Geschiedene Frauen werden nun neuerdings von den Familienrichtern dazu verdonnert, wieder arbeiten zu gehen, auch wenn sie 50+ und faktisch ohne Berufserfahrung sind. Wer zwei Hände hat und gesund ist, kann ja putzen gehen. Und wer behindert ist, muss eben mundgeklöppelte Waren feilbieten – gleiche Rechte für alle. Auswege bieten nur die Entmündigung oder die amtlich beglaubigte Arbeitsunfähigkeit. Da muss man sich eben eine Geisteskrankheit bescheinigen lassen.

Und wenn die gutsituierte Nur-Hausfrau wirtschaftlich besser gestellt ist als der Ehemann, dann muss sie nach der

Scheidung sogar ihren Ehebrecher finanzieren. Der wirtschaftlich Schwächere wird vom wirtschaftlich Stärkeren getragen – so lautet der neue Tenor. Dank der Emanzipation wird einer wohlhabenden Frau auf diese Weise noch der Schwarze Peter zugeschoben. Einen mittellosen Mann zu heiraten, kann man sich als intelligente Frau gar nicht mehr leisten!

Die Sache mit der Treue ist eben ein ganz großes Missverständnis. Das sechste Gebot verleitet zu den größten Fehlinterpretationen überhaupt. Der liebe Gott will, dass wir unser Lebensschiff selbst steuern, Verantwortung übernehmen und die beste Version unseres Selbst herausschälen. Und wenn dazu gehört, neue Lebensformen zu entwickeln, neuen Partnerschaften Raum zu geben, neue Partner oder Kinder zu integrieren, dann ist diese Herausforderung als Aufgabe zu verstehen, an der wir wachsen sollen. Gerade in der Krise zeigt sich nämlich, welch Geistes Kind der Partner wirklich ist.

Eitel Sonnenschein, solange alles nach Plan läuft, das kann jeder! Aber cool bleiben, wenn die Dinge anders kommen als geplant, das erfordert Substanz und menschliche Größe. Und die Mitte des Lebens ist die große Zäsur im Leben, die wir zur Neuorientierung auch auf persönlicher Ebene nutzen müssen.

Die kluge Frau arrangiert sich daher beizeiten mit der Realität. Sie akzeptiert sie. Oder sie handelt und zieht Konsequenzen. Frauen, die in einer Phantasieblase verharren, die sie für die Wirklichkeit halten, können gar nicht klug sein. Sie sind dumm. Und eines Tages wird es zum Super-

GAU kommen. Aber wer Traditionen liebt, steht ja auf den Klassiker!

Remember Coco Chanel: Es ist nie zu spät für eine Zweit-, geschweige denn für eine Erstkarriere!

DER ZWEITE FRÜHLING
ODER AUF FREIERSFÜSSEN MIT 50+

Wenn es Ihnen wacker gelungen ist, jenen plastischen Chirurgen zu widerstehen, die Picasso nacheifern, dann haben Sie die beste Chancen, in der zweiten Lebenshälfte den wahrlich magischsten aller Lebenselixiere mehr Raum zu geben als je zuvor: Liebe und Romantik!

Ich selbst fühle mich seit dem fünfzigsten Geburtstag wie eine überreife Rose, deren Blätter in alle Richtungen fliegen. Aber ich bin ja auch nicht zermürbt vom Lebensmodell der ehelichen Alltagsroutine. Nein, in diese Niederungen ist mein Herz nie geraten ... Ich werde unter meinem Make-up auch heute noch rot. Ich habe mir alle Sehnsüchte und Träume bewahrt. Ich glaube an die eine, große Liebe, die nicht zu Grabe getragen wird oder in allgemeiner Desillusionierung vor sich hindümpelt. Wenn Menschen nämlich wirklich zueinander passen, kommt es gar nicht so weit. Wer sich erst »zusammenraufen« muss, ist nicht wirklich füreinander geschaffen. Da ist man als Partner ersetzbar, es hätte auch ein anderer an die Stelle treten können. Er hätte nur ein klein wenig anders ausgesehen und einen anderen Namen gehabt, aber die Gespräche, Abläufe, Termine und Verpflichtungen wären die gleichen gewesen. Unersetzbar zu sein, das fühlt sich anders an – aber ich bin eben auch eine hoffnungslose Romantikerin. In schlechten Beziehungen würde diese Erkenntnis das Ende bedeuten. Darauf will man es aber nicht ankommen lassen. Und so wird das Elend »den Kindern zuliebe« ausgesessen. Bis ein blöder Zufall das ganze Schiff ins Wanken bringt. Damit ist dann die Abwicklungsphase eingeleitet. Nun geht es nur noch darum, wer als Erster einen Fehler macht und wer wem was in die Schuhe schieben kann. Ein Leben als Strafgefangener im Hochsicherheitstrakt mit Überwachungszentrale ist die Folge. Sehr, sehr unerotisch. Liebe darf sich so was längst nicht mehr nennen.

Aber nicht traurig sein, denn selbst wenn Sie im Wettstreit um den 1. Platz als wandelnde Beziehungskatastrophe den Sieg davongetragen haben, es kommen noch weitere fünfzig Jahre, die sich partnerschaftlich gestalten lassen. Und für mich gilt die Devise: Die nackte Wahrheit ist mehr wert als die bestgekleidete Lüge. Wer die Ehekrise also auf Kosten der Wahrhaftigkeit bewältigen will, dann möglichst noch die »ehelichen Pflichten« mit naturgetreu simulierten Orgasmen garniert, der darf sich nicht wundern, wenn der Quell der Sinnlichkeit versiegt und das Symptom »Schmerzen beim Geschlechtsverkehr« am Ende steht. Das hat mit Menopause rein gar nichts zu tun. Wenn's mir nicht schmeckt, läuft mir auch nicht das Wasser im Mund zusammen. Und untenrum nennt sich das dann »vaginale Trockenheit«. Also bitte. Lustverlust heißt die Diagnose. Wird schon seine Gründe haben. Unser Körper lügt nie! Und der liebe Gott will ganz bestimmt nicht, dass wir so unser Dasein auf Erden fristen.

Rein theoretisch haben wir als Frau, die mit fünfzig Jahren der Liebe ihres Lebens begegnet, immer noch die Chance auf eine Goldene Hochzeit. Selbst wenn wir die erschwerten Bedingungen einkalkulieren, unter denen diese höchstwahrscheinlich stattfinden wird. Aber wir dürfen getrost davon ausgehen, dass wir zumindest noch die Silberhochzeit im Vollbesitz unserer geistigen Kräfte erleben werden! Wer mit sechzig heiratet, wird mit 85 noch gut und gerne eine Silberhochzeit feiern – theoretisch! Ich finde das ausgesprochen tröstlich und ermutigend. Das ist nämlich genau das Programm, das ich mir vorgenommen habe. Und meinen Herzensprinzen habe ich eh schon gefunden.

Er hat sich in meinem Hirn und Herzen eingenistet, als ich 28 Jahre alt war. Und verbieten kann mir das keiner. Menschen dürfen lieben, wen sie wollen. Echte Liebe fordert nicht. Sie verrät auch nicht und zwingt nicht. Sie droht und bedroht nicht. Sie versteht, verzeiht und kann schweigen. Und sie ist unanfechtbar. Gegen große Liebe ist man eben machtlos. Und Liebe kennt auch keine Logik. Um diesen Mann aus meinem System herauszufiltern, müsste man an mir schon eine Lobotomie vornehmen. Und was ist Liebe wert, wenn man sie alleine lebt? Entscheidend ist ja wohl immer, wie unser Herzensprinz darauf antwortet. Bevor Frauen also über das Modell »böse Geliebte« spekulieren, sollten sie sich mal fragen, warum der eigene Mann überhaupt eine braucht! Fest steht: Wo Liebe ist, will Liebe gelebt werden.

Ja, ich stelle einer 50+-Frau noch viele Rendezvous in Aussicht. Und ich wünsche sie Ihnen von ganzem Herzen. Dagegen ist das, was man zwischen zwanzig und dreißig erlebt hat, doch Kinderkacke. Pippifax. Kleinkram. Ich würde sagen: Man hat damals geübt für die wirklich große Liebe. Die Affären der Jugend waren nur Testfahrten. Und wer dreißig Jahre lang geübt hat, der ist in der zweiten Lebenshälfte in Sachen Liebe reif für die Formel 1.

Ich verspreche Ihnen: Wenn Sie ab 50+ mit dem Mann Ihres Herzens frischverliebt gemeinsam auf der Gartenbank sitzen und Händchen halten, umrankt von herrlich blühenden roten Kletterrosen, dann werden Trommelwirbel ertönen. Mindestens. Wenn nicht sogar Pauken und Schalmeien. Ich will auf der Stelle tot umfallen, wenn dann nicht von irgendwoher »Er gehört zu mir« erklingt – oder wahlweise »Praise the Lord«! Und zwar mit Liveband, Tamburinen, Chor und allem Drum und Dran. Ich schwöre Ihnen, es werden Spatzen und weiße Tauben herbeiflattern, und ein rosa Schmetterling wird sich auf Ihrer entblößten, goldbraunen Schulter niederlassen.

Sehen Sie, ich lebe noch! Bin nicht tot umgefallen, denn so und nicht anders wird es sein. Ja, es gibt Schlimmeres, als sechzig zu sein und gesund im Garten in der Sonne zu sitzen, »Amazing Grace« zu lauschen und dem nächsten Date mit der großen Liebe entgegenzufiebern. Ich hoffe, Sie haben Ihr riesiges Doppelbett noch nicht entsorgt. Und nicht all den Schwachsinn konsumiert, der über Liebe nach der Menopause verbreitet wird. Da lese ich immer von eingeschränktem Sexualtrieb ... Das kann nur zutreffen, wenn Sie ehemüde sind, ein Auslaufmodell von Beziehung aussitzen oder wenn der Alltagsfrust Ihnen inzwischen wie Normalität erscheint.

Klar, wir wissen ja nun, dass sich in der Menopause der Hormonstatus verschiebt, das Östrogen sich neu einstellt und diese Effekte sich auf die Libido auswirken. Aber der Hormonhaushalt wird nun mal auch von unseren Gefühlen gesteuert, siehe Bungee Jumping: Ich springe runter, also wird es kribbeln in der Magengegend. In unserem Alter kribbelt es bereits beim Gedanken an den Menschen, den wir wahrhaft begehren und lieben, ohne dass wir für ein paar Schmetterlinge im Bauch erst zum Fallschirmspringer werden müssen.

Dass sich ein gewisser Gewebeverlust in der Brust einstellt, die Haut weniger elastisch ist, wir nervöser und gesetzter werden, diese Symptome des menopausalen Prozesses werden sich auch wieder beruhigen. Klar, dass die Libido schwindet und man sich nicht erotisch fühlt, weil man schwitzt wie ein Schwein. Hitzewellen und Migräneanfälle kreieren nun mal nicht unbedingt eine Stimmung, die der Romantik förderlich ist. Wenn man sich dann noch darauf fixiert, was für ein armer Tropf der Lebenspartner doch ist, oder womöglich unter seiner Maske den Schweinehund erkannt hat, der in ihm steckt, dann erscheint es mir wie ein Wunder, dass Frauen nach Jahrzehnten des Kleinkriegs und der Zankereien überhaupt noch Sex mit ihrem Partner haben. Liebe machen in so einem Milieu, das ist, wie wenn man in eine zu heiße Badewanne steigt: Wenn man nur ordentlich die Zähne zusammenbeißt, gewöhnt man sich an den Schmerz.

Darüber, dass eine Frau nach der Menopause keine Freude am Sex hat, gibt es keinerlei wissenschaftliche Untersuchungen. Im Gegenteil. Studien belegen, dass postmenopausale Frauen sogar noch mehr Lust haben, weil sie ihre neu erlangte Entspannung und Befreiung genießen. Man kann aus dem menopausalen Tunnel sowohl mit verringertem als auch mit gesteigertem Sexualtrieb hervorgehen. Alles andere sind Ammenmärchen. Lieben nach der Menopause ist ein bisschen wie der Bewusstseinszustand von Forrest Gump, dem das Leben wie eine Pralinenschachtel erscheint. Man weiß nie, was man bekommt. Man sollte offen sein für Überraschungen.

Fassen Sie sich ein Herz. Nichts ist verloren gegangen, Sie müssen nur aktivieren, was noch immer in Ihnen steckt. Mit korrekter Führung, ein bisschen Geduld, Informationen und ausreichend Zeit kommt jede Frau aus ihrem libidinösen Tief wieder heraus. Zumindest, wenn sie ihre Bedürfnisse mit dem Mann ihrer Wahl verknüpfen kann.

Gut, Sie sind nun niemandes »Baby« mehr. Aber dafür müssen Sie auch keine Show abziehen – also, ich meine wie früher auf der Rave-Parade, wo man mit Federboa und Plateaustiefeln im roten Lackledermini bauchfrei acht Stunden bei vierzig Grad Hitze auf dem Wagen durchgetanzt hat. La Troya halt ... Paarungen auf Ibizenkisch ... made on the Beach ... Vergessen Sie's!

Ich liebe es stattdessen auszuloten, auf welchen neuen

Ebenen man sich reizvoll einander nähern kann. Ich glaube, wenn man erst mal die 65 überschritten hat, kann man sich alles Mögliche erlauben und es wird als exzentrisch akzeptiert. Um eine verrückte Alte reißt sich doch die Welt. Es liegt doch ein unglaubliches Potential in der Romantik nach 50+. Zum Beispiel die Möglichkeit, wieder 18 zu sein. Erinnern Sie sich noch daran, wie es war, in der Nacht vor einem Date kein Auge zuzukriegen? Einfach nicht schlafen zu können, weil all die Dinge, von denen man träumte, am Horizont aufleuchteten? Montag nicht schlafen können, weil man wusste: »Ich treffe ihn Dienstag!« Wie vielen von uns ist das längst abhandengekommen? Da mag manch einer sagen, Schlaflosigkeit, Konzentrationsschwäche, Herzklopfen, Nervosität wären Beschwerden der Wechseljahre – nein, genauso empfinden wir, wenn wir verliebt sind! Die ganze Woche lang ein bisschen schwindelig zumute, kaum schlucken können und zittrige Hände ... So war das, wenn man sich verliebt hatte!

Und auf einmal nennt sich das Beschwerden? Ich kenne auch Zwanzigjährige, denen der Schweiß runterläuft, weil sie angestrengt sind – zum Beispiel beim Geigespielen. Jede Form der hohen Konzentration führt zu einem Schweißausbruch. Schauen Sie sich doch mal faustdicke Lügner an, in der Politik zum Beispiel. Denen rinnt das Wasser den Arsch entlang, wenn man ihnen auf die Schliche kommt. Lassen Sie sich also nicht foppen von dem ganzen Müll, den die Gesellschaft in den Wechseljahren bei uns abladen will.

Ziehen Sie sich ruhig mal wieder zehn Mal um. Und seien Sie um Himmels willen spät dran! Kennen wir doch, das

Haar immer wieder neu frisieren, die Accessoires durchpro-
bieren, Strümpfe kaputt, Laufmasche drin, Mist, wieder
umziehen, BH-Träger schauen vor, andere Unterwäsche
an ... Klar, dass man dann weit über dem Tempolimit zum
Date jagt und schnell noch diese Herzklopf-Huch-ich-bin-
spät-und-hab's-nicht-geschafft-SMS schicken muss.
»Naughty girl« – freches Mädchen! Alt geht anders. Und
wenn man IHM dann gegenübersteht, ermahnt einen das
ÜBER-ICH: »Atmen nicht vergessen! Ruhig bleiben, Mä-
del! Und nicht weinen, alles wird gut!«

Ja, eine reife Frau, selbstbewusste Karrierefrau und Mutter, ausgesprochen offen und eloquent ... steht da, schließt
ihn in die Arme und ist unfähig zu sprechen. Erst mal ankommen und Luft holen. Sich an die Augen und die Män-
nerhände gewöhnen, die einen sehnlichst erwartet haben.
Und all das, bevor man seine Stimme überhaupt gehört hat
und sich unser Atem fließend verbindet ...

Ich würde mal sagen, der wirkliche Spaß beginnt im Leben einer Frau, wenn sie auf der schattigen Seite der Fünf
steht. Da kann es verdammt glitschig werden. Total untro-
cken halt.

Solange man träumen kann, wird man sinnlich bleiben. Und mit einem Partner alle geheimen Wünsche und
Hoffnungen zu teilen, wird aus jedem von uns einen besseren Freund oder Liebhaber machen. Liebe produziert
nichts Schlechtes. Aber Liebe im Keim ersticken zu wollen, das rächt sich. Und ich glaube, dass alles im Leben nur
geschieht, damit wir uns für den Weg der Liebe entscheiden.

Jetzt stehen wir alle am Punkt eines Neuanfangs – dem Scheideweg, der uns zur eigenen Vollendung führt. Solange dieser Weg lustvoll bleibt, haben Sie gewonnen. Und wenn das Schicksal Ihnen ein Juwel beschert, dann wird es auch dafür Sorge tragen, dass diese Liebe ihre Vollendung findet.

Folgen Sie Ihren Instinkten. Man bekommt im Leben immer nur das, wonach man zu fragen wagt!

SPIRIT – DER RECHTE GEIST!

Also gut. Fünfzig ist fabelhaft, nicht fürchterlich! Ich
denke, diese Message dürfte auch bei der allerblondesten
Leserschaft inzwischen angekommen sein. Als ich heute
Morgen ahnungslos die Zeitung aufschlug, stellte ich fest,
dass ein Großteil aller Angelegenheiten Menschen ab fünfzig betraf. Auf einmal sind alle Namensangaben unter diesen bunten Bildern immer mit einem 40+ oder 50+ ver-
sehen. Wenn vorne die Zwei steht, dann bezieht sich das
immer nur auf Leute ohne Lehrstelle, Ausländer oder Arti-
kel über Drogenmissbrauch und Technoparaden. Die
50+-Generation steht für die neuen Jugendlichen! Vergesst
Yuppies. Das neue Schlagwort lautet, jedenfalls in der
Presse, also mit Vorsicht zu genießen, FEJS: die Fünfzigjährige Einkommensstarke Junggebliebene Spaßgesellschaft!

Wer nämlich nicht gerade zu den schrecklichen Alters-
egomanen gehört, die das Erbe der Kinder verprassen, indem sie Kochkurse in Japan absolvieren, Golfplätze an der
Ostsee anlegen, Wildwasserfahrten im Grand Canyon un-

ternehmen oder als Querulant gegen Gott und die Welt prozessieren, dürfte doch zu der Gruppe 50+ gehören, die ihr Leben im Griff hat.

Die Welt ist voll von gutsituierten, studierten Menschen, Fachkräften mit Einfamilienhaus, Zweitwagen, Grundstücken mit Gartenkultur, noblen Einbauküchen, gehobenem Elektronikstandard, hochwertigem Interieur und Schrankwänden, die vor adretter Ausstattung aus allen Nähten platzen. Utensilien aller Art für Hobbyköche, Anbauregale von Ikea für Millionen von schlauen Büchern, der grüne Daumen zur Erhaltung der Phalaenopsis-Orchideen und Entfaltung blühender Rabatten, vorbildlicher Rasen, prallvoll gefüllte Tiefkühltruhen mit Lachs und Hummer aus dem Aldiregal, das ist Deutschland! Wir kaufen teure Spiegelreflexkameras, um die Familie idyllisch in Szene gesetzt abzulichten, überfluten Freundes- und Bekanntenkreise mit den Schnappschüssen glücklicher Gleichgesinnter, sammeln edle Rotweine, horten teure Tropfen von Scotch bis Whisky und installieren mal eben Kaffeemaschinen für 1500 Euro, nur um von der heimischen Küchenzeile aus mit Latte macchiato und Cappuccino zu beeindrucken. Wir shoppen ohne Ende in den Einkaufspassagen – und Spielecken und Hobbykeller müssen dem begehbaren Kleiderschrank, Schuhregalen und Heimsolarien weichen. Sprich: Es geht uns nicht grade schlecht. Da werden Markisen installiert und Gartenmöbel gestapelt, Erdbeertorten und Ananassorbets serviert. Oder wir überraschen unsere Freunde mit selbstgemachten Mitbringseln von Pesto alla genovese über Vitello tonnato an Feigensenf bis zur geräucherten Entenbrust an Rucola-Bärlauch-Salat. Alles ganz auf die Schnelle und mühelos zubereitet. Mit rotem Schleifchen drum!

Und zu jedem aufgeklärten, gebildeten Haushalt gehört der eine oder andere homosexuelle Berater als sogenannter »Hausschwuler«. Er soll mit seinem Spezialwissen in den Bereichen Mode, Kosmetik und Floristik dazu beitragen, ein angenehmes Ambiente um uns herum herzustellen. Und nebenbei machen TV-Sender uns vor, wie Hartz-IV-Empfänger bei der Sanierung ihrer Eigenheime Whirlpools, Jacuzzis und Saunalandschaften fordern. Und sie bekommen sie auch. Super-Flat-Screens gibt es in allen Haushalten der sozial schwachen Randbezirke, auch Playstation und Laptop sind immer griffbereit. Arm geht anders.

Ja, so lebt Deutschland. Es geht uns gut! Wir sind alle kurz vorm eigenen Swimmingpool. Wenn wir Abi haben, natürlich. Oder sonst irgendwas können, was uns keiner so schnell nachmacht. Deutschland ist enthaart und braun an den Beinen. Das ist doch was, worauf wir stolz sein können. Dafür haben wir schließlich auch gelernt, gearbeitet und geschuftet. Und wer nicht gerade vorm Bankrott steht, hat sich inzwischen bequem eingerichtet. Wissenschaft und Technologie sind uns zu Diensten, um unsere Gesundheit zu erhalten. Die postmenopausale Frau hat mehr Wohlstand, Gesundheit, Macht und Informationen als je zuvor.

Es ist mehr als genug, was wir erworben, geschaffen und gefunden haben. Wir sollten uns darauf stützen, statt uns auf das zu fixieren, was verlorengegangen ist: die Jugendlichkeit! Denn an deren Stelle sind andere Stärken getreten. Wir sollten uns auf diese Stärken konzentrieren. Denn nur so schöpfen wir aus der gewonnenen Weisheit und Erfahrung reichlich Seelennahrung, um das Älterwerden umarmen zu können.

Jetzt nämlich kommt die glücklichste Zeit unseres Lebens. Noch nicht gaga und doch dem Jugendwahn endlich entwachsen. Und zwar tüchtig geläutert. Lehrgeld ist bezahlt. Unsere Kinder wissen inzwischen alles besser. Sie sind furchtbar angezogen, lassen sich einen kotzenden Teufel auf den Arsch tätowieren, und wir Eltern sind die Deppen. Das geht so lange so weiter, bis das Kind entdeckt, dass man den Lautstärkeregler auch nach links drehen kann. Wir werden mit den Idolen unserer pubertierenden Kinder konfrontiert, halten dagegen und gehen ansonsten unseren Geschäften nach. Wir haben Verbindungen, Freunde, Erfahrungen und iPads.

Und wenn die materiellen Wünsche und weltlichen Ambitionen einigermaßen befriedigt sind, dann entstehen neue Interessensgebiete: spirituelles Wachstum zum Beispiel. Zeit für die Reise nach innen. Neue Horizonte liegen vor uns. Apropos: Für Patienten mit Nierensteinen gewinnen in dieser Zeit Worte wie Tennisball, Golfball, Kirschkern, Kieselstein und Mottenkugel eine ganz neue Bedeutung.

Was ich Ihnen sagen will: Man muss lernen, die Dinge unbelastet zu betrachten. Und dabei auch den inneren Reichtum zu entdecken, dessen wir uns in den stressigen Jahrzehnten zuvor gar nicht recht bewusst waren. Jeder von uns verfügt über Talente, die auf der Strecke geblieben sind. Weil einfach nicht die Zeit da war, weil andere Prioritäten gesetzt werden mussten. Jetzt kommen all die Bücher an die

Reihe, die wir immer lesen wollten, all die Reisen, die wir früher zurückstellen mussten. Die neue Devise sollte lauten: Was weiß ich heute, was ich früher nicht gewusst habe? Und was kann ich mit diesen Erkenntnissen tun, um der zweiten Lebenshälfte das Beste abzugewinnen?

»Ach, wo sind sie hin, die frohen Tage, als das Rentendasein nur ein fernes Donnergrollen beim Picknick war?«, werden Sie sich vielleicht manchmal insgeheim fragen, wenn Sie mit dem Hund Gassi gehen. Aber wenn Sie sich so einen Gedanken erlauben, dann sind Sie schon auf der Gewinnerseite! Denn die Dinge mit Humor zu nehmen und der Verbitterung ein Schnippchen zu schlagen, ist Ausdruck des rechten Geistes, der Ihnen Jahrzehnte vergnüglichen Lebens schenken wird.

Es geht um den Spirit. Das geistige Klima, das nur Sie herstellen können und kein anderer. Schaffen Sie sich IHR Milieu.

Leider ist schlechter Geist schwer zu fassen und doch überall verbreitet. Der Spirit, das ist überhaupt so eine Sache, die als Null-Währung gehandelt wird, wenngleich sie überall jederzeit mitschwingt. Oft weiß man gar nicht, warum man sich heute »nicht fühlt«, woran es eigentlich kränkelt, warum mal wieder der Wurm drin ist. Kann ich Ihnen sagen: Weil der Sache, die Sie piesackt, ein schlechter Geist innewohnt. Miese Aura halt. Bad Spirit. Vergiftet alles. Ist legal nicht nachweisbar. Unmessbar. Bemerken die meisten gar nicht. Und ist doch die Antwort auf so viele unerklärliche Fragen, die wir haben.

Ein guter Geist produziert andere Ergebnisse als eine vergiftete Atmosphäre. Und für das Milieu, das wir um uns herum schaffen, sind wir selbst verantwortlich.

Wir haben nach der Menopause statistisch gesehen ein Drittel an Lebenszeit hinzugewonnen, dürfen also noch mit vier aktiven Jahrzehnten rechnen – aber das ist nicht nur ein Segen, sondern auch eine Heimsuchung: Wir sind psychisch nämlich gar nicht darauf vorbereitet, so alt zu werden! So gesehen sollte man eigentlich einen Archäologen heiraten: Je älter eine Frau wird, desto begehrenswerter wird sie wahrscheinlich für einen Ehemann, der am Altertum interessiert ist.

Aber der Alterungsprozess hat Sie erst dann fest im Griff, wenn Sie nicht mehr in der Lage sind zu trauern, wenn Ihnen die oberste Kugel Eiscreme von der Tüte runterrutscht und vor die Füsse klatscht! Das Kind in Ihnen ist Ihr wahrer Jungbrunnen. Ich hoffe, Sie haben Ihre Kindheit in die Hosentasche gesteckt und holen sie im Alter wieder hervor. Wer nämlich keine Lust mehr verspürt, einen Schneeball zu werfen, dem ist das kindliche Staunen über die Wunder einer Winterlandschaft flöten gegangen.

Alt wird man, wenn die Gefühle absterben. Neugierde, Staunen, Begeisterung ... stimulieren Sie diese kindlichen Freuden, mit denen man sich und das Leben feiert.

Die Frage ist doch: Lassen wir uns vom Alter vergiften – oder sind wir selbst Gift fürs Alter? Es liegt in unserer Macht zu entscheiden, zu welcher Art von Schrapnelle wir uns mausern. Wenn der Herbst nämlich kommt, dann treten unsere wahren Farben hervor. Was sich immer mehr in den Vordergrund schiebt, ist die Substanz. Ich bewundere

Menschen, die, egal wie alt sie auch sind, niemals ihre Schönheit und Eleganz verlieren. Sie transportieren ihre persönliche Schönheit nämlich direkt in ihr Herz. Und dazu gehört, dass man sich die Zeit nimmt, hinter die Oberfläche der Dinge zu schauen.

Es wird eine Zeit kommen, in der wir uns auf all jene Dinge besinnen, die wir immer übersehen oder beiseitegeschoben haben. Zum Beispiel habe ich kürzlich erst für mich den jugendlichen Charme von Batik entdeckt. Batik hatte ich ja immer links liegengelassen, weil ich nicht unbedingt das war, was man einen Hippie nennt. Aber mittlerweile halte ich Batik mit seinem Farbenstrudel aus Zitronengelb, Türkis und mediterranem Blau für das ultimative Anti-Aging-Elixier. Mit diesen gewagten Baumwolldrucken lenkt man ganz einfach von Krähenfüßen und Doppelkinn ab. Wenn Sie sich trauen, in fröhlichen, buntbedruckten Baumwollbatikkleidern aufzutreten, wird man Sie sofort anders einschätzen und dadurch auch lässiger und großzügiger behandeln. So ist es mir ergangen. Eine Reise nach Ibiza war an diesem Punkt meines Lebens genau der Spirit, der mir fehlte. Seitdem bin ich wieder neu erblüht.

»Es tut mir leid, aber ich kann mich an das Gesicht nicht erinnern«, werden Passanten sagen, die der Polizei eine Zeugenaussage geben mussten, weil ich auf meinem Moped über eine rote Ampel fuhr. »Die Dame mag zwanzig gewesen sein, oder auch siebzig, vielleicht hatte sie auch einen Schnurrbart? Oder es könnte auch ein Damenbart gewesen sein.« (Und das heißt auf Ibiza noch lange nicht, dass es ein Mann oder ein Frau war.)

Großzügig geschnittene, luftige Batikkleidung legt sich als bunter Schleier über die vergangenen Sünden eines gelebten Lebens. Hach ja, das Flair meiner Insel! Wenn ich ankomme, wickle ich mir immer gleich einen Batikschal um den Kopf, um mir einen mediterranen Anstrich zu verleihen. Und ich bin so froh, dass ich doch immer dem Push-up-BH und Victoria's Secret vertraut habe! Denn gerechterweise muss man sagen, dass die Freigeister der Hippie-Ära mit ihren freischwingenden Brüsten der Erdanziehungskraft einen gewaltigen Tribut gezollt haben. Was ein paar echte Hippieglocken sind, da gehört es sich nun mal, dass diese sich inzwischen auf einer Wanderung gen Süden befinden. Meine stattlichen Brüste, die in den Siebzigern, Achtzigern und Neunzigern bis heute durchweg gestützt, getragen, gehoben und gepampert wurden, sehen jung und prall aus. Besonders in Batik. Barfuß am Strand, den Strohhut auf und den Batik Pareo um den Körper geschlungen, so finde ich mich als die wieder, die ich wirklich bin.

Holen auch Sie sich Ihren Spirit. Vielleicht reisen Sie ja lieber zum Langlauf nach Finnland oder springen in ein aufgehacktes Eisloch, jäten im Kleingarten oder werkeln auf Ihrem alten Segelboot. Vielleicht packen Sie sogar die verstaubte, längst vergessene elektrische Eisenbahn wieder aus. Bauen sich ein Perpetuum mobile. Entdecken die Oper. Sammeln Pilze. Legen einen Kräutergarten an. Züchten Rosen. Oder sticken Gobelins. Es ist völlig egal, aber entdecken Sie um Himmels willen Ihr persönliches Kleinod! Ihre Seligkeit! Ihren Kraftquell!

Leider zeigt sich in der Mitte des Lebens unser gelebtes

Leben auch in des Leibes Mitte. Leider. Eine schmale Taille und ein kerzengrades Rückgrat, das sind die einzigen Mittel, um die Mitmenschen über unser wahres Alter zu foppen. Eine tadellose Haltung gepaart mit einem Giga-Geist in entspannter Natur – dies ist die Messlatte für Ihr gefühltes Alter!

Alles weglassen zu können und zu erleben, wie weniger mehr wird, das verschafft Ihnen Zugang zu dem inneren Reichtum, der Sie durch die nächsten Jahrzehnte tragen wird. Das Altern ist unvermeidbar. Oder, um es philosophisch zu sagen, es wird sowieso passieren und kann von nichts und niemandem aufgehalten werden. Also ist es das Klügste, es anzunehmen und zu zelebrieren. Bis die Gesellschaft es endlich begreift und akzeptiert, dass Altern ein Gewinn ist.

Dafür stehe ich ein! Das ist meine Mission! 50+ zu sein ist mein Großprojekt.

Und gerade weil wir uns nun nicht mehr mit dieser jugendlichen Suche nach dem großen »Wer bin ich?« befassen müssen, sollten wir beginnen, mit Kräften zu kommunizieren, die größer sind als wir selbst. Was uns direkt zu der Frage nach Gott führt. Woran sollen wir glauben? Ich für meinen Teil denke schon, dass keiner von uns so viel Hochmut haben sollte zu meinen, er könne auf die Gnade Gottes verzichten. Zum Beispiel habe ich heute Morgen auf meinem kleinen Spaziergang ein Stoßgebet zu Gott gesprochen und ihm dafür gedankt, dass Falten nicht weh tun. Stellen Sie sich einmal vor, wie es um die Menschheit bestellt wäre, wenn die Bildung jeder Falte von höllischen Schmerzen begleitet wäre. Ach, es könnte alles soviel schlimmer sein! Falten sind schmerzfrei – wir sollten wirklich dankbar dafür sein!

DER ALLERLETZTE SCHREI

Die Genies dieser Welt können mir nichts mehr vormachen. Ich bin umgeben von Genies aufgewachsen, da mein Stiefvater Philosophieprofessor war. Genies haben bei uns zu Mittag gegessen, tüchtig reingehauen und es sich schmecken lassen. Es konnte ihnen nicht deftig genug sein. Genies lieben schlichte Kost. Könige auch. Manchmal haben Genies sogar Blähungen. Wie Könige. Genies bekleckern auch nicht selten ihre Krawatte. Solche Dinge durfte ich frühzeitig feststellen.

Aber bewundert habe ich immer die Fähigkeit von Genies, die kompliziertesten und genialsten Experimente verblüffend einfach zu entschlüsseln. Genies vermögen zu begeistern. Verwirrung stiften nur Idioten! Als ich größer wurde, habe ich viele Genies scheitern sehen. Ich bin sogar mit Genies ins Bett gegangen. Ich habe Genies Geld geliehen, das ich nie wiederbekommen habe. Mich kann das alles nicht mehr beeindrucken. Mir kann auch keiner mehr was vormachen. Unter Titeln, Dekorationen, Namen, Positionen und Masken sehe ich immer nur den Menschen. Denn wir alle werden nackt geboren – der Rest ist immer Travestie!

Ganz im Stile eines Genies, das sich gerade mit der gestärkten Serviette die Mundwinkel vom Hühnerfrikassee im Reisrand süffisant trockentupft, will ich zum Dessert (Mandel-Flammeri mit Himbeermark) eine komplizierte geisteswissenschaftliche Diskussion mit einer entwaffnend schlichten Frage beginnen – natürlich nicht, ohne daran die Erklärung des ganzen Universums zu entzünden:

Was ist Ihre Lieblingsblume, lieber Leser?

Nun, ich persönlich liebe Rosen! Richtig, Sie haben da eine spektakulärere Antwort erwartet. Doch, Moment, wir reden hier nicht von den Heerscharen von Indern, die mit ihren 5-Euro-Baccaras durch die Restaurants ziehen, um eine Abfuhr nach der anderen zu kassieren. Nein, ich liebe eine ganz bestimmte Sorte von Rosen. Nicht die, die Sie jetzt eben assoziiert haben, diese in Cellophan geschweißten bordeauxroten, dornenreichen Spieße von der Tankstelle. Und erst recht nicht die künstlich von Dornen befreiten Mutanten, die bei Pauschalschiffsreisen von grinsenden Hostessen mit einer Tüte Werbegeschenke an Touristen überreicht werden. Die finde ich BÄÄÄH! Das sind Blumen und sind trotzdem keine wirklichen Blumen!

Wenn ich »Rosen« sage, dann denke ich an die sinnlichen, fast schon überreif erblühten, wilden, ungestümen Bauern-

rosen, die eine Eleganz verströmen, die sich aus den zahllo-
sen Wetterwechseln, gepeitscht von Regen und Stürmen,
gebeugt unter der Last der schweren Blütenkelche und der
Passion der glühenden Sonne geformt hat. Eine Eleganz, die
gewachsen ist und nach feuchter Erde riecht. Diese Rosen
haben standgehalten und verschwenden sich in Schönheit.
Sie erzählen eine Geschichte und erwärmen das Herz. Sie
locken, obwohl die aufgerollten Ränder ihrer geöffneten
Dolden schon leicht verfärbt sind. Solche Rosen sind nicht
jung. Aus ihnen spricht der Charme des Alters. Und gerade
deshalb stimulieren sie. Am schönsten sind bekennende alte
Rosen. Starkduftend. Mit purpurnen Schattierungen und
attraktivem Laub. Sie vereinen feinen Charme mit einer
nuancenreichen Farbpalette und langer Blühdauer. Ja, man
muss nur genauer hinschauen lernen. Berühmt ist schon seit
dem Mittelalter die Sorte Rosa Mundi, deren große, seidige
Blütenblätter rosa-weiß meliert sind. Dicht gefüllte Blüten
erscheinen geneigt unter der Last der eigenen Schwere wie
ein gevierteiter Wirbel. Elegant überhängende Zweige, dem
Klettern nicht abgeneigt. Beeindruckend durch reichen,
pastellfarbenen Flor und kräftige Nachblüte. Ach, ihr Rosen! Kapriziös und mit hingebungsvollem Habitus! Welche
ist die schönste im Land? Diese Frage lässt sich genauso wenig beantworten wie die Frage nach dem schönsten Schuh!

Apropos: Dasselbe Prinzip gilt für meine wertvollen, gut
eingetragenen, gegerbten, alten, vernarbten Reitstiefel. Sie
mögen fleckig sein, ausgebeult und schweißgetränkt, un-
ebenmäßig in ihrer Färbung und leicht angeranzt in ihrem
Erscheinungsbild. Sie haben Furchen und Risse. Ihr Look ist

»used«. Spuren der Zeit, die von herrlichen Ausritten am Strand und matschigen Dressurlektionen an grauen Novembertagen berichten.

Ich liebe sie. Denn so haben Reitstiefel auszusehen. Gott, was für eine grässliche Vorstellung, diese Dinger jemals durch das saubere, ebenmäßige, sterile, pflegeleichte, abwaschbare Plastikmodell aus dem Online-Katalog ersetzen zu müssen. Das Alte, gut Eingerittene ist doch das viel Wertvollere!

Aber DIE ALTE, die habe ich bis heute noch nicht in mir gefunden. Ich werde nie eine mit allen Wassern gewaschene alte Schachtel sein. In mir liegen bunte Blumenwiesen und flatternde Schmetterlinge. Im Herzen bin und bleibe ich immer ein Mädchen. Mein ICH altert nicht. Jahreszahlen sind wirklich eine Sache, über die man erhaben sein sollte.

Und wenn ich je noch mal geboren werden sollte, was Gott verhüten möge, dann möchte ich nicht als irgendein Tier wiederauferstehen, auch nicht als Mann oder als heilige Kuh, sondern als Zitronenbäumchen! Wieso? Nun ja, erst mal hinge ich an einem starken Stamm im sonnigen Italien, wogegen nichts einzuwenden wäre. Ich genösse die mich verwöhnende und mir wohlvertraute Sonne und würde mich in meinem prachtvollen Gelb von erstaunten Touristen bewundern lassen. Ich würde liebenden Paaren lauschen, die sich in meinem Schatten die romantischsten Worte ins Ohr flüstern, vielleicht jene Worte, nach denen ich mich selbst sehne. Irgendwann würde man mich vielleicht pflücken und in ein mediterranes Anwesen entführen. Zunächst würde ich in einer anmutigen Terrakotta-

Schale auf einem abgebeizten, alten Holztisch aus der Toskana dekoriert werden und Haut an Haut die Bekanntschaft praller, sonnengereifter, unverschämt knackiger und saftiger Orangen machen. Ich würde still Mäuschen spielen, wenn bildschöne, gepflegte Latino-Mannsbilder sich über die olivfarbenen Beine rassiger Penélope-Cruz-Schönheiten hermachen würden. Dem Klang knallender Champagnerkorken und dem Schlürfen des perlenden Dom Pérignon aus schlanken Murano-Flöten würde ich lüstern lauschen.

Und eines Tages, wenn ich vielleicht nicht mehr taufrisch wäre, dann würde man mich eine Weile in eine Ölmarinade aus Piment, Ingwer und Thymian einlegen. Bei Zimmertemperatur würde man mich drei Monate ziehen lassen. Meine zitrusgelbe Schale würde dann weich und könnte verspeist werden. All meine Bitterkeit würde verschwinden. Ich wäre in einem prachtvollen Weckglas konserviert. Schließlich würde man mich aufspalten, filetieren und auf einer Cocktailparty in einer lauschigen Sommernacht perfekt drapiert als Beigabe auf einer eisgekühlten Austernplatte servieren. Bei Kerzenschein würde man mich herumreichen. Und als i-Tüpfelchen schließlich würde George Clooney nicht nur den salzigen Saft seiner Auster mit spitzen Lippen schlürfen, sondern mich mit jeder einzelnen Faser genüsslich verspeisen und auf seiner Zunge zergehen lassen.

Das wäre mein Happy End.

Sehen Sie, wie bescheiden ich geworden bin? Glauben Sie mir, wenn ich mich mit einem Lebensabend als Zitrone anfreunden kann, dann werde ich auch einem Leben nach fünfzig etwas abgewinnen können!

So bescheidene Erwartungen hat man natürlich nur, wenn man in der Vergangenheit durch die Hölle und zurück gereist ist. Sich lebenslänglich nur auf der Sonnenseite zu bewegen, verleiht leider keinerlei Qualifikationen. Wer nie erobert hat, bleibt schwach. Und wo kein Kampf ist, erwächst keine Kraft. In den schlimmsten Situationen gab es stets mein mentales Notdienstprogramm, das ohne Verschreibungspflicht schneller seine Wirkung tat als jede Infusion. Es steht auch Ihnen zur Verfügung, Sie halten es jetzt grade in Ihrer Hand. Immer verfügbar, nicht rezeptpflichtig und ohne Verfallsdatum: Denken wie eine Königin.

Eine Königin kennt kein Scheitern. Denn jeder Fehler, jede Enttäuschung, jeder Umweg ist nur ein weiterer Schritt auf dem Weg zum Gipfel. Ich glaube prinzipiell nicht ans Scheitern. Denn alles, was aus Leidenschaft und Liebe geschieht, wird Wunden in Weisheit verwandeln. Verletzungen zu überwinden, das ist der einzige Weg, um Souveränität zu erlangen.

Ja, in der Tiefe des Winters lernte ich, dass in mir ein grenzenloser Sommer liegt. Und meine Zukunft ergibt sich aus meiner großen Vergangenheit. Ich wünsche mir nichts sehnlicher, als dass mein wahres Leben ans Licht kommt. Ich möchte der Welt mein Herz und meine Liebe zeigen. Meine Lebensliebe. Erst dann werde ich voll erblühen und mein Schicksal vollendet haben. Ja, da kommt noch was! In der zweiten Lebenshälfte lasse ich es noch mal so richtig krachen. Sie werden von mir hören!

Und wissen Sie, was in Momenten des Zweifelns immer seine Wirkung tut?

Es sind diese neun von zehn inneren Stimmen, die mir, während ich die Lippen nachziehe, zuflüstern: »Wenn Grazie auf Falten trifft, stellt sich ein neuer Zauber ein!« Und dann sage ich mir: Nein, Prinzessin, du bist nicht verrückt!

DANK

Naaaa, was schreibst du als nächstes? Das ist so die übliche Smalltalkfrage, die wenig geeignet ist, das Eis zu brechen. Denn die Antwort kennt der Autor meist selbst nicht. Nun ist mein sechstes Buch sogar ein Fortsetzungsroman geworden, der sich an das Standardwerk jeder gut sortierten Bibliothek *Gibt es ein Leben nach vierzig?* anschließt – das Thema hat das Leben mir geradezu aufgedrängt. Ja, es soll Bücher geben, deren Titel sich zwangsläufig ergeben. Und verdammt noch mal, manchmal hat man sogar das Glück, dass sich ein Buch von selbst schreibt. Diesmal war es eine leichte Geburt. Sollte das etwa an meiner Nähe zur Materie liegen? Egal, ab morgen werde ich meinen Zettelkasten für Band drei *Gibt es ein Leben nach ...* anlegen, das wäre ja gelacht, wenn ich es nicht noch zu einer ganzen Saga brächte.

An dieser Stelle möchte ich vor allem jener großen, sensiblen Gemeinde meiner Leser danken, den wunderbaren Menschen unterschiedlichster Religionen, Haarfarben und

Körpergrößen, die ich als Autorin meine Fans nennen darf! Da soll es ja so manches frühreife Girlie geben, das heimlich unter der Bettdecke schon mal im *Leben nach vierzig* geschmökert hat, um gewappnet zu sein. In diesem Sinne erweitere ich meinen Dank auf all die Früh- und Spätberufenen, die meine Bücher als das nehmen, was sie sind: Unterhaltungsliteratur, deren Titel eine Einladung zur kollektiven Leserunde sind!

Ob zwanzig oder neunzig, die Zeit vergeht für uns alle im selben Takt, und so wie aus uns Babyboomern nun die Muttis in der Menopause werden, richten sich meine Bücher eher an ganze Generationen als an rigide Altersabschnitte. Der Tatsache, dass dies nie missverstanden wurde, sei mein Dank geschuldet.

Schließlich danke ich auch all den Männern, die meine Bücher konsumieren, um endlich zu begreifen, was in ihren Frauen wirklich vorgeht. Die Typen sind gut beraten, die Gebrauchsanweisung über sich selbst sorgfältig zu studieren – gerade die Abschnitte über das Phänomen Mann in der Mitte des Lebens geben Antwort, wer sie wirklich sind: Männer in den Wechseljahren – und das ist heikel!

Da ich Männer aber liebe, zumindest als Konzept, danke ich an dieser Stelle allen meinen Freundinnen, die mein neues Buch unauffällig, aber gezielt ihrem Partner in die Aktentasche schmuggeln. Am besten schon mit dezenten Markierungen.

Bücher eröffnen die Möglichkeit, mit wenig Geld nachhaltig Leben zu stimulieren, Leserschaft zu inspirieren und Biographien zu verändern. Aber das wäre nur schnöde Theorie, wenn es nicht den Mann am Drucker gäbe, den soliden Handwerker, der Bücher bindet, die fleißige Händlerin, die sie auffällig platziert, und den zuverlässigen Fahrer, der sie ausliefert. Hier ist Dank geschuldet. Mehr aber noch den Mitwirkenden an der Front: meiner Lektorin Bettina Eltner, meiner Literaturagentin Karin Graf, meiner Betreuerin im Chaos Rebekka Göpfert und meiner soliden Unterstützerin in allen grammatikalischen und semantischen Fragen: meiner lieben Fr. Dr. Astrid Herbold! Kein Buch wäre so schnell zur Vollendung gelangt, gäbe es nicht deine enormen Speicherkapazitäten und vor allem diesen nüchternen Überblick über gewaltige Konzepte. Es hat mal wieder Spaß gemacht. Und wenn nichts dazwischen kommt, schreiben wir noch fünf Bände zum Thema!

Bücher sind wahrlich meine Leidenschaft geworden. Das Schreiben ist mir Zuflucht, Katalysator und Notwendigkeit. Autorin zu sein ist eine Gnade, der ich demutsvoll gegenüberstehe. Es gibt für mich nichts Aufregenderes, als vor einem weißen Blatt Papier zu sitzen. Alles ist möglich … Ich liebe den Zauber, der dem Anfang eines neuen Buches innewohnt.

Wie die Musik so ist auch die Liebe zur Literatur eine Tür, die Menschen zueinander bringt und Barrieren überwinden kann. Ein Faszinosum, weil das ja einfach nur dadurch geschieht, dass man Buchstaben und Wörter in die richtige Reihenfolge bringt. Das wird auch in meinen Lesungen deutlich spürbar. So gilt mein Dank auch allen Veranstaltern, die eine Einladung aussprechen und fleischgewordene Begegnungen mit mir möglich werden lassen. Welch ein Luxus in unserer virtuellen Welt!

DANK

Ja, man darf mich auch fotografieren und kann sich jedes einzelne Buch signieren lassen! Und wer eine Haarlocke oder die Telefonnummer mitnehmen möchte, der soll ruhig mit mir darüber reden.

Dem Ullstein Verlag danke ich für die Unterstützung, meinen Weg als Autorin weitergehen zu dürfen. Da gab es so viele wunderbare Synergien, dass mir jeder Besuch im Verlagshaus eine Freude war. Friederike und Katharina haben mir ja sogar mal einen Salat geholt. Ja, ich bin manchmal blass und zerbrechlich, und ihr habt das erkannt. Dinge zu erspüren ist immer beeindruckend und mein Dank gilt allen bei Ullstein, die ihre Antennen ausgefahren halten.

Der größte Dank jedoch gebührt jenen, die mein Herz berühren. Oder sogar in der Hand halten. Da gibt es jemanden, ohne dessen Spuren mein Buch ein anderes geworden wäre. Du weißt, wer du bist!

Wo wären wir ohne unsere Bücher? Merke: Liebe kennt keine Logik.

Desirée Nick im Januar 2011